DDR

Hochwassermarkierungen 1992 in Lauenburg/Elbe, wie sie in Orten entlang der Elbe oft zu finden sind. Auf der rechten Seite werden über Pegel Null Hohnstorf (gegenüber von Lauenburg/Elbe) von unten nach oben angezeigt: +7,21 Meter 1966, +7,46 Meter 1980 und am 6. Strich +8,84 Meter 1987.

Schubschifffahrt auf der Elbe

Großverband der Deutschen Binnenreederei von 154 Metern Länge, 16,4 Metern Breite, 780 PS mit 3.200 Tonnen Ladung bergwärts auf der Elbe bei Lauenburg. Im Hintergrund der Personendampfer „Kaiser Wilhelm“.

Joachim Winde

Schubschifffahrt auf der Elbe

SUTTON ZEITREISE

Der auf der Elbe letzte Seitenradschleppdampfer „Württemberg“ (625 PS) hat Bad Schandau erreicht und befindet sich 1974 auf seiner letzten Reise in Richtung Decin.

Einband vorne: Schubschiff der Deutschen Binnenreederei mit zwei Standard-Schubprähmen als Tandemverband auf der Oberelbe.
Vorsatz: Die wenigen verbliebenen Schraubenschleppdampfer wurden vor 1990 zum Schubschlepper umgerüstet. Dampfer „Gustav“ (279 PS) schiebt auf der Elbe in Höhe der Saalemündung einen Schubprahm und hat auf Seite einen der letzten Schleppkähne.
Nachsatz: Plan des Hamburger Hafens von 1968, herausgegeben von der Arbeitsgemeinschaft Hamburg-Information e.V. Der Freihafen (gepunktete Linie) wurde im Jahr 2003 stark verkleinert, u.a. durch Herauslösung der Speicherstadt.
Einband hinten: Koppelverband der Reederei B. Dettmer auf der Unterelbe, siehe S. 18.

Impressum

Sutton Verlag GmbH
Hochheimer Straße 59
99094 Erfurt
www.suttonverlag.de

ISBN: 978-3-95400-892-6
Druck: Florjančič Tisk d.o.o. / Slowenien
Gestaltung und Herstellung: Sutton Verlag

Inhalt

Bildnachweis

Archiv KBW: S. 36 u, 37, 38, 102 u, 104 u, 106 u, 114 Schiffskatalog VEB Binnenreederei; H. Dilcher: S. 68 o; Fischer: S. 113; Mario Hofmann: S. 52 u; Volker Knappe: S. 22 u, 73, 93, 101, 105 u, 106 o; Christian Knoll: Titelbild, S. 2, 4, 10 u, 13 u, 23, 26 u, 31, 32 o, 40, 49, 50 o, 56 o, 60 u, 61, 64 u, 66 o, 67, 71, 72, 75, 76, 77, 82 o, 83, 84 u, 86 u, 94 o, 94 u, 95, 96 o, 97, 98, 99, 100, 105 o, 116 u; Heinz Körting: Schmutztitel, S. 35, 82 u, 112 u, 116 o; Herbert Kretschmer: S. 22 o, 30 u, 36 o, 78 u, 80, 81, 115, 117 u; Ulrich Krüger: Vorsatz, S. 14, 15 o, 16 u, 17, 21 u, 24, 28, 48, 51, 52 o, 58, 61 u, 79, 84 o, 90, 91, 92 o, 96 u; Bernd Reichert: S. 102 o; Sammlungen Elbschifffahrtsarchiv, Lauenburg/Elbe (LEA): Ulrich Brammer, Bleckede S. 54 u; Hans-Werner Garbe, Hamburg: S. 13 o, 56 u; Werner Weiss, Hamburg: S. 87 u; Werner Hinsch, Hohnstorf: S. 18, 54 o, 55, 88; LEA: S. 87 o; Hans Solaß: S. 21 o, 112 o; Archiv Peter Vester: S. 30 o, 32 u, 43, 44, 68 u, 69, 70, 78 o, 85, 86 o; Hans Wesselowski: S. 10 o; ZBDR/Zimmer: S. 92 u, 103, 104 o. Alle nicht genannten Abbildungen stammen aus dem Archiv des Autors.

Literaturverzeichnis

Cubek, J./Podzimuck, J.: Wasserwege, Hanau 1996.

Dohms, A.: Auf der Elbe können Containerschiffe fahren, in: Binnenschiffahrt. ZfB, Nr. 4/1994.

Elbschiffahrtstag 1996 Magdeburg, Beiträge „Die Elbe – ein europäischer Strom", Berlin.

Faist, H.: Wasserstraßen in der Tschechoslowakei, in: Schiffahrt und Technik, Heft 5/1992.

Firmenschrift Carl Robert Eckelmann AG, 1865–1990.

Geschäftsberichte VEB Binnenreederei 1988, Deutsche Binnenreederei – Binnenschiffahrt. Spedition. Logistik GmbH 1993/94; Binnenschiffahrt 1991/92, Bundesverband der Deutschen Binnenschiffahrt e.V.

Gewiese, A./Schönknecht, R.: Binnenschiffahrt zwischen Elbe und Oder, Hamburg 1996.

Grötschel, T./Melen, L.: Die Schiffswerft in Melnik an der Elbe, Lauenburg 2011.

Grötschel jun., T.: Schubschiffe Mitteleuropas, navalis-Kalender, Berlin 2013.

Henser, H.H./Renner, V.: 50 Jahre Schubschiffahrt in Europa, Duisburg 2007.

Klinder, I.: Die Einführung der Schubschifffahrt bei der Binnenreederei, in: navalis, Heft 2, 2011.

Krohn, F.: Schiffahrtstechnik 1 und 2, Berlin 1978, 1984.

Lorenz, J.: Containerdienste auf der Elbe, unveröffentlicht, 2017.

Müller, H.: Die Geschichte der ČSPLO (1922–1992), in: navalis, Heft 1, 2006.

Naumann, Dr.-Ing. K.: Die Wasserstraßen im Elbegebiet, Denkschrift, Hamburg 1990.

Neumann, M./Strobel, D.: Vom Kutter zum Containerschiff, Berlin 1981.

Scheurer, M./Benecke, E.: Betriebserfahrungen mit dem schiebenden Motorgüterschiff „Fischland", in: Mitteilungen der FAS Berlin, Schriftenreihe Schiffahrt, Heft 8, 1966.

Schönknecht, R./Gewiese, A.: Schubschiffahrt – eine moderne Technologie auf den Binnenwasserstraßen der Welt, in: DDR-Verkehr, Nr. 7/1984.

Schröder, P.: Die Elbe – die natürliche Verkehrsader Nordböhmens. Zum heutigen Stand und zur Entwicklung der tschechoslowakischen Binnenschiffahrt, in: Broschüre Lauenburger Elbschiffahrtstag 1990.

Stahnke, Dr. H.: Der Hamburger Hafen. Von 1820 bis heute, in: Szene Hamburg, Geschichte, Ausgabe 2.

Strobel, D./Dame, G.: Schiffbau zwischen Elbe und Oder, Herford 1993.

Süßenbach, S.: Hafenstadt am „Blauen Band". Die Magdeburger Elbschiffahrt, Magdeburg 2003.

Svarc, B.: Sedmdesat pet let Ceskoslovenske Plavby Labske, Decin 1997.

Vesely, V.: Grünes Licht den Containern auf der Elbe, in: Binnenschiffahrt. ZfB, Nr. 13/1994.

Winde, J.: Schubschiffe auf Elbe und Oder, in: Jugend und Technik, Nr. 5/1980.

Winde, J.: Wasserstraße Elbe, in: Urania Universum, Band 34, Leipzig 1988.

Winde, J.: Dampfschifffahrt auf der Elbe, Erfurt 2013.

Einleitung

In diesem Buch wird über die Entwicklung der Stromschubschifffahrt auf der Elbe (Labe) von Chvaletice (Schwaletitz) in Tschechien bis Hamburg berichtet. Die Schubschifffahrt als rationelles Transportsystem wurde in mehreren europäischen Ländern fast gleichzeitig eingeführt, um den Bedarf an Schiffsbesatzungen erheblich zu verringern und die Transportkosten durch die Trennung des mit Kajüten für das Personal versehenen motorisierten Schubschiffes von dem antriebslosen Transportraum (Schubprahm bzw. -leichter) zu senken. Die Schubschiffe haben dadurch nur kurze Aufenthalte in den Häfen, wo die Schubleichter unabhängig vom Antriebsschiff be- und entladen werden können. Für die Beförderungsphase lassen sich die Schubverbände je nach Fahrstrecke und Gütervolumen zusammenstellen. Schubeinheiten (Schubschiff plus Leichter im Hafen und auf Fahrt) erfordern gegenüber den konventionellen Schiffstypen geringere Investitionskosten. Der Schiffswiderstand des fahrenden Schubverbandes ist gegenüber dem Schleppzug um 20 bis 25 Prozent geringer, sodass der Energieverbrauch gesenkt werden kann.

Die Schubschifffahrt auf der Elbe begann 1963 mit Versuchsfahrten des zum Schieben umgerüsteten Motorschleppers „Onega“ (Länge: 25,06 m, Breite: 4,86 m, 2 x 150 PS). Der Schubschlepper des VEB Deutsche Binnenreederei Berlin (1957–1990) absolvierte mit dem zum Schubkahn hergerichteten ehemaligen Schleppkahn 4-538 (Länge: 54 m, 537 t) die Elbstrecke Magdeburg–Wittenberg. 25 Jahre später, 1988, hatte die Schubschifffahrt bei der Binnenreederei Berlin auf der Elbe, den Kanälen, auf der Oder und an der Küste einen 85-prozentigen Anteil an der von der volkseigenen Flotte transportierten Gütermenge von 15,3 Millionen Tonnen. Hiervon entfielen rund fünf Millionen Tonnen auf die Elbe. Fünf weitere Jahre später erfolgte die Privatisierung des zwischenzeitlichen Treuhandbetriebes Deutsche Binnenreederei GmbH (1990–1993) zur Deutschen Binnenreederei Binnenschifffahrt Spedition Logistik GmbH Berlin und es begann danach die weitere Modernisierung der Flotte.

Die ČSPLO (Tschechoslowakische Elbe-Oder-Schiffahrt AG) wurde 1952 als nationales Binnenschifffahrtsunternehmen neu gegründet. Seit der Privatisierung 1992 ist sie die ČSPL, die Tschechische Elbe-Schifffahrts-AG Decin (Tetschen-Bodenbach). Neben der Auslandsschifffahrt auf der Elbe bis nach Hamburg und über den Mittellandkanal ab Magdeburg verkehren die Binnenschiffe im Inlandsverkehr auf der Elbe und der Moldau (Vltava).

Die Inbetriebnahme des Großkraftwerkes Chvaletice 1977 erforderte für die Schubverbände den Ausbau der Kleinen Elbe ab Melnik. Der Braunkohletransport aus dem Raum Duchcov–Most nach Bahnvorlauf ging über den Hafen Lovosice (Lobositz) mit dem Schiff 150 Kilometer weit zum Kraftwerk. Der Schubverkehr der ČSPLO belief sich auf rund 80 Prozent der Gesamttransporte.

Die Wasserstraße Elbe hat im Oberlauf einige Krümmungsradien von lediglich 300 Metern. Auch die Engstellen in Decin, Dresden, Torgau und Magdeburg, wo Durchfahrten von knapp 30 Metern Breite bestehen, erschweren die Schubschifffahrt. Oft sind Vorspannschlepper erforderlich, um die höheren Strömungsgeschwindigkeiten zu überwinden. Die Elbe ist im Oberlauf ab Usti nad Labem (Außig) kanalisiert und mit Schleusen versehen. Vor Hamburg liegt die große Zwillingsschleuse Geesthacht.

Auf der frei fließenden Elbe fahren die Schiffe im Durchschnitt an nur 200 Tagen im Jahr mit der vollen Tragfähigkeit. In den letzten Jahrzehnten bewirkten der Rückgang der Niederschläge und die Unterlassung notwendiger Erhaltungsmaßnahmen besonders vor, aber auch nach 1990 ein Absinken der Tauchtiefen um 25 bis 40 Zentimeter. Ein 65-Meter-Schubleichter kann deswegen 125 bis 200 Tonnen weniger laden.

Die DBR fährt oberhalb von Dresden-Friedrichstadt (Alberthafen) mit zwei, unterhalb mit vier Standardprähmen zu je 32,5 Metern Länge bzw. zwei Großleichtern zu je 65 Metern Länge. Ab Aken sind bei günstigen Wasserständen acht Schubprähme bis Wittenberge und ab dort zehn Prähme bis Hamburg möglich. Im Hamburg-Verkehr über Havelberg und die Untere Havel waren bei Schub- und Koppelverbänden durchgängig nur 100 Meter Länge und 8,2 Meter Breite zugelassen.

Die für Massenguttransporte vor 1990 vorhandenen großen Schubflotten ließen sich nur bei Staatsreedereien wie der DBR und ČSPLO aufbauen. Die Konzernreedereien des Rheins besaßen kleinere Schubflotten. Die Mittelstandsunternehmen bevorzugten das schiebende Motorschiff im Koppelverband mit einem Leichter.

Die Containerschifffahrt im Hinterlandverkehr des Seehafens Hamburg vollzieht sich auf niedrigem Niveau. Hier schlug man 1967 insgesamt 115.000 TEU (20-Fuß-Container, ein 40-Fuß-Container zählt als 2 TEU), 1988 dann 1,6 Millionen TEU um. Einmalig hatte die Deutsche Binnenreederei im Schubverkehr 1983 insgesamt 230 TEU nach Hamburg befördert. Wenn überhaupt, so leitete man in der DDR Container per Bahn über den Seehafen Rostock. Etwas erfolgreicher war die ČSPLO. Die ersten Container waren 1972 über Decin-Loubi verschifft worden. 1988 betrug der Umschlag in Usti nad Labem 3.850 Stück, 1992 jedoch nur 591. Im Jahr 1995 gründeten dann die DBR und die neue ČSPL die gemeinsame Elbe/Labe-Containerlinie Hamburg–Prag. Die DBR ist seit 1992 an den in Hamburg zwischen den vier Containercentren und dem Leercontainerzentrum Unikai realisierten Umfuhrdiensten beteiligt.

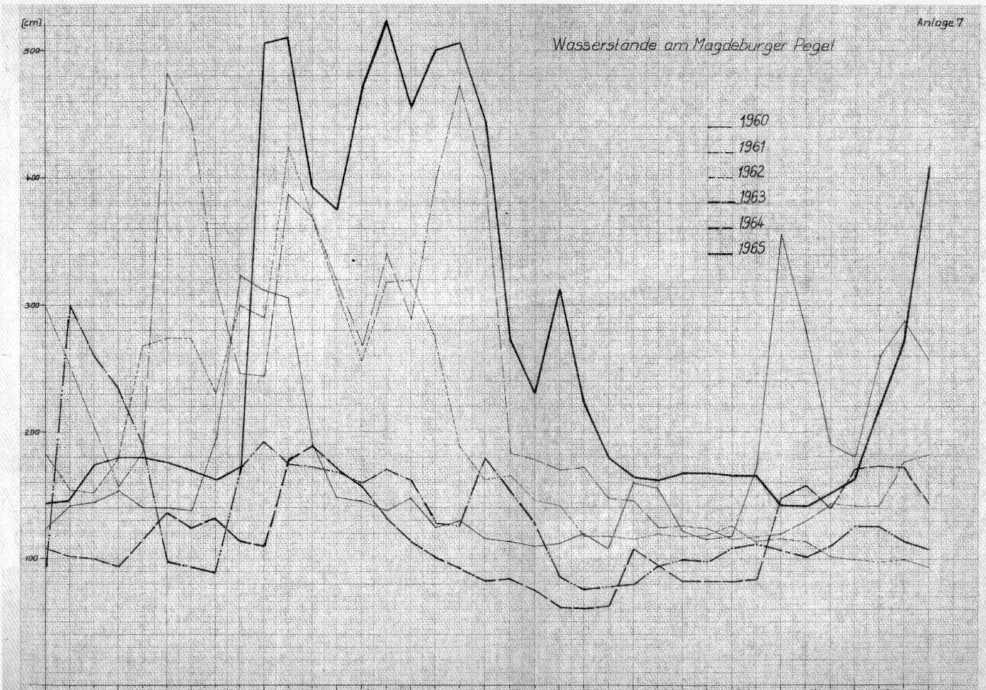

Der Pegel Magdeburg zeigt den im Laufe eines Jahres stark schwankenden Wasserstand der Elbe an. Er befindet sich bei der Neuen Strombrücke und gilt für den Elbabschnitt Rotehornspitze (Elb-km 323,0) bis Niegripp (Elb-km 345,0). Bei mehr als 5,50 Metern (Hochwasser) erfolgt ein Fahrverbot für die Schifffahrt.

– 1 –

Konventionelle Schubschlepper, Schubkähne und Koppelverbände

Der Übergang zum Schubverkehr erfolgte in der ehemaligen DDR für das Kanalgebiet nach Versuchsfahrten mit dem umgerüsteten Motorschlepper „Lowat“ 1962 und auf der Elbe nach Versuchsfahrten mit dem Motorschlepper „Onega“ 1963. Die Schubschlepper versah man am Bug mit einer Schubschulter, einem zusätzlichen Kopplungspoller und der Kopplungswinde bzw. mit Ratschen, um die Drahtseilverbindung zwischen den Fahrzeugen zu spannen. Auch die zum Schieben vorgesehenen Selbstfahrer – Motorgüterschiffe und Z-Antriebsfahrzeuge (ZA) – wurden entsprechend hergerichtet. Die Versuchsfahrten mit den 67-Meter-Schiffen MS „Belgern“ (300 PS) und MS „Fischland“ (420 PS) mit Schubprähmen und Schubkähnen in unterschiedlichen Verbandsformationen wurden 1964/65 unternommen. Von den 41 Versuchsfahrten des MS „Fischland“ bis hoch zur Küste über die Havel und die Oder betrafen 37 die Elbe. Die bei der Binnenreederei verkehrenden Kombi-(Koppel)Verbände kamen für Langstreckentransporte zum Einsatz und haben – modernisiert – hier auch heute noch ihre Leistungsstärke und Effektivität. 1966 gehörten vor der Investition Stromschubeinheiten zur Flotte der Deutschen Binnenreederei: 32 Schubschlepper, 39 zum Schieben umgerüstete MS und 34 ZA. Ab 1968 fuhren die mit Schottelnavigator (Propellerdüse 360 Grad schwenkbar) auf ihren Schubkähnen ausgestatteten DBR-Verbände MS „Liebenwalde“/Schubkahn 5265 und MS „Fischland“/5264. Beginnend mit dem vercharterten Tankerverband TMS „Löbau“/Tankschubprahm „5304 T“ (Verbandslänge: 99,5 m, 1.266 t) der Binnenreederei Berlin im Verkehr Hamburg–Berlin (West) nahmen später auch eigene Koppelverbände der Reederei B. Dettmer, Bremen diesen Weg über die Elbe, die Unterhavel oder den Elbe-Havel-Kanal.

Die tschechoslowakische ČSPLO ließ für Beförderungen bis Hamburg aufgrund ihrer noch großen Kahnflotte als erste Serie Schubschlepper bauen, die mit ein bis zwei Schubleichtern im Verband fahren. Koppelverbände bestehen z.B. aus dem mit zwei Schubschultern versehenen MS vom Typ MN 70 (Länge: 71,5 m, 760 PS) oder MNL 116 mit je einem Leichter TC 1150 (71,0 m) und einem „halben“ Leichter TC 500 (35,5 m).

LOWAT
BERLIN

◂ Der zum Schieben umgerüstete Motorschlepper „Lowat“ (Länge: 21,40 m, Breite: 5,28 m, 225 PS) kam erstmals 1963 bei Erprobungen zur Einführung der Schubschifffahrt in der DDR im Kanalgebiet zum Einsatz.

Schubmotorschlepper „Motor X“, SM 3-260, 225 PS, hat im Vorhafen einer Schleuse festgemacht. Deutlich zu erkennen ist seine 0,80 Meter breite und 2 Meter hohe Schubschulter.

◂ Schubschlepper „Motor V“ (225 PS) verlässt mit zwei beladenen SP den Industriehafen Magdeburg. In dem Dreieck Elbabschnitt Niegripp–Rogätz–Parey und Elbe-Havel-Kanal wurden 1967 insgesamt 14 Schubschlepper eingesetzt.

Der Schubschlepper „Favorit“ kam 1980 zur Reederei Carl Robert Enkelmann KG in Hamburg (Baujahr 1953, Werft: Buschmann in Hamburg, Länge: 19,1 m, Breite: 5,4 m, 380 PS) und trägt seitdem diesen Namen. Er diente u.a. zum Bugsieren der Schubleichter der BACO- und Saebee-Leichterträgerschiffe.

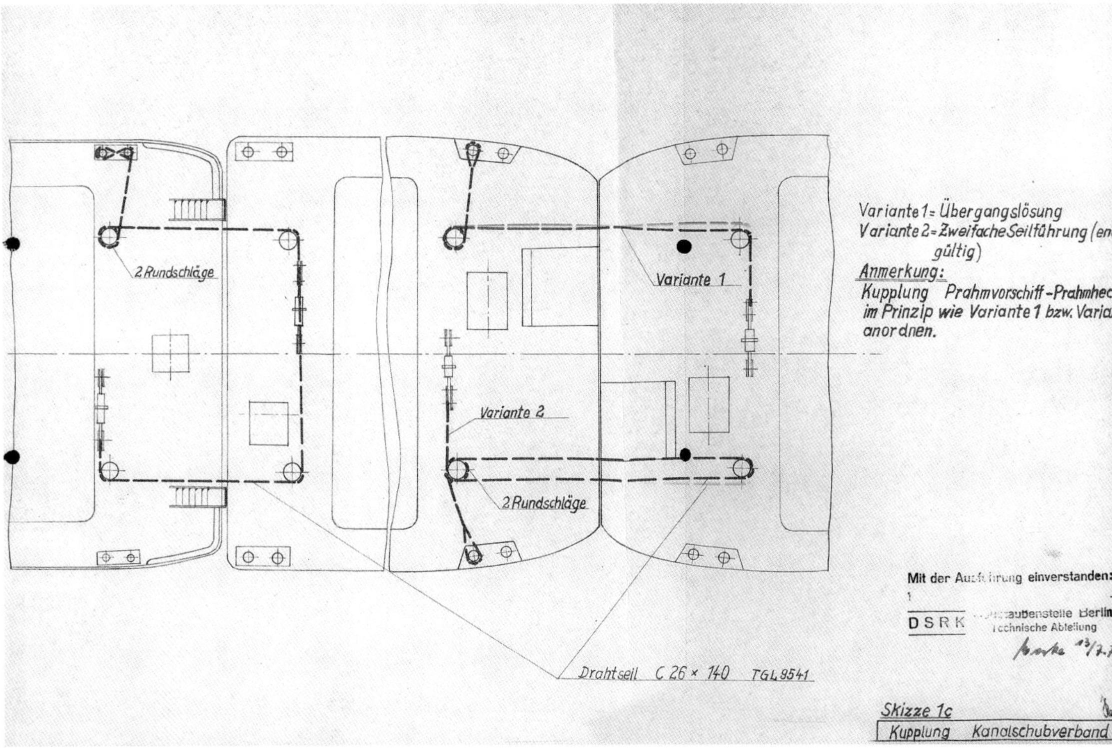

Drahtseilführung bei einem gekoppelten Kanalschubverband, vergleichbar für einen Stromschubverband.

Schleppendes Motorgüterschiff der ČSPLO auf der Elbe-Gebirgsstrecke.

C.R. ECKELMANN
FAVORIT

ČSPLO MN-6308

Zum Schubkahn umgerüstete ehemalige Schleppkähne der DBR verkehrten mit MS als Kombiverband auf langen Reisen ab etwa 300 Kilometern.

Begegnung auf der Elbe bei Havelberg. MS „Finsterwalde“ (681 t, 420 PS) fährt mit zwei leeren Schubprähmen von 32,5 Metern Länge zu Berg. Auf dem Achterschiff des längsseitig geschleppten Entgegenkommers ist die Kopplungseinrichtung (Poller, Winde, Drahtseilspannratsche) gut zu sehen.

Das Schiffshebewerk Rothensee bei Magdeburg – hier der Blick zur oberen Kanalhaltung – verbindet den Mittellandkanal mit der Elbe und diente erstmals im August 1965 dem Schubverkehr der Deutschen Binnenreederei von Magdeburg nach Beddingen bei Salzgitter.

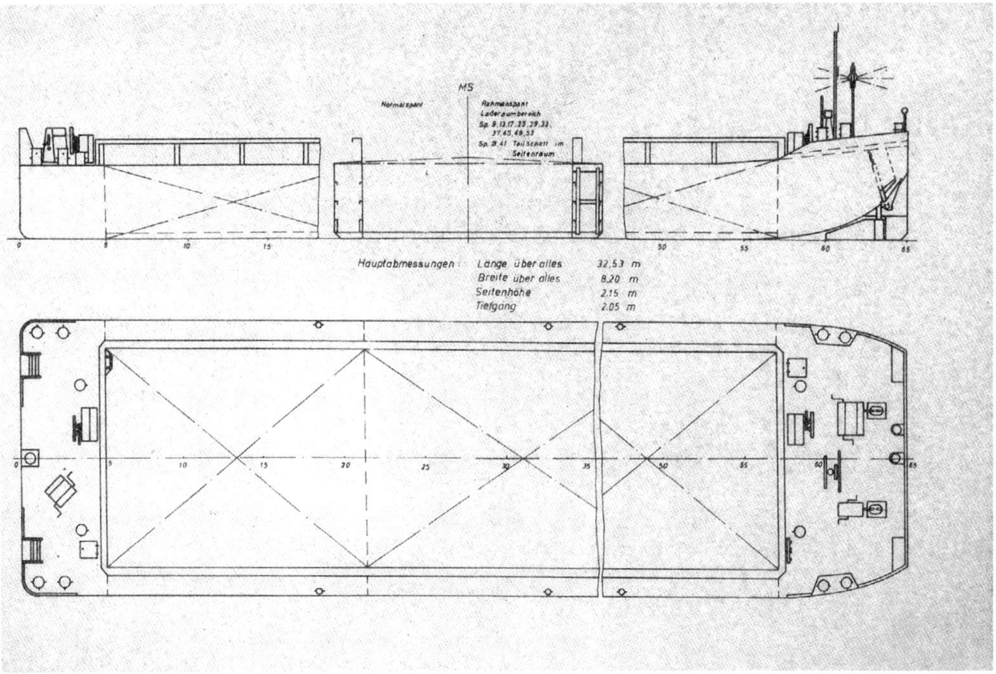

Generalplan Standard- bzw. Normalschubprahm von 32,5 Metern Länge.

MS „Eilenburg“ (Länge: 67 m, Breite: 8,2 m, 300 PS) 1980 mit zwei SP von 32,5 Metern Länge im Seitenschlepp bei Aken. Verbandsbreite: 16,4 Meter.

Der Koppelverband MS „Dick“, Heimathafen Praha (Prag), fuhr 2010 die Elbe bei Schönebeck talwärts. Daten des MS MNL 116 vom Typ Labe: Länge: 80 m, Breite: 9,35 m, 620 PS Skoda-Diesel, 1.170 t.

Koppelverband des Motorschiffs „Dettmer Tank 51“ mit Tankschubleichter, Heimathafen Bremen, auf der Unterelbe bei Lauenburg.

Koppelverband der Reederei Dettmer mit dem Tankschubleichter „Dettmer Tank 116“ auf der Unterelbe.

– 2 –

Schubschiffe und Schubleichter der Deutschen Binnenreederei

Hersteller der Kanalschubboote (KSB) der Baujahre 1964 bis 1966 war die Roßlauer Schiffswerft und der von 1983 bis 1986 entstandenen Nachfolgeserie Kanalschubschiffe (KSS) die Yachtwerft Berlin. Beide Schubschifftypen kamen aufgrund ihrer geringen Leistungsstärke nicht für die Elbe infrage. Das KSS mit 300 PS verkehrt noch heute über den Elbe-Seitenkanal und den Elbe-Lübeck-Kanal bis Hamburg bzw. Lübeck und somit auch über den Elbstrom. Einige dieser Kanalschubschiffe vom Typ 82 wurden für Bugsiereinsätze vorgesehen.

Als Streckenboote und für Bugsierdienste in Hamburg-Seehafen dienten die Stromschubschifftypen der Baujahre 1966 bis 1973. Die DBR hatte einen Bestand von 61 SSS (Registriernummer 25/26/27): 55 Schiffe vom VEB Yachtwerft Berlin und sechs FSSS (Flachgehende Stromschiffe) der Baujahre 1980 bis 1988 von der Schiffswerft Genthin des VEB Schiffsreparaturwerften Berlin. Etwa acht Stromschubschiffe fuhren nicht auf der Elbe. Sämtliche „Schuber" wurden mit einem einheitlichen Drahtkopplungssystem sowie einer kombinierten Anker-, Schlepp- und Verholwinde ausgerüstet. Die SSS Typ 64/Bauausführung (BA1) erhielten zwei Dieselmotoren (DM), je 237 PS bei 1.350 Umdrehungen/Minute. SSS vom Typ 67/BA2 haben zwei DM von je 300 PS bei 750 Umdrehungen/Minute. Der nachfolgende Typ 70/BA3 unterscheidet sich zur BA2 durch eine Verlängerung von 21,65 Metern auf 23,65 Meter und eine bessere Raumaufteilung. Schließlich versah man die SSS Typ 71/BA4 mit stärkeren Hauptmaschinen (2 x 390 PS), leistungsstärkeren Hilfsmotoren und einer Radaranlage. Produzent der Dieselmotoren mit 237 PS war der VEB Dieselmotorenwerk Leipzig, der leistungsstärkeren ab 300 PS der VEB Schwermaschinenbau Karl Liebknecht (SKL) Magdeburg.

Die größte Anzahl der Schubprahm-Neubauten, deren Hersteller bis auf einige Ladungsfahrzeuge die Oderwerft Eisenhüttenstadt des VEB Yachtwerft Berlin mit oder ohne Lukendeckel war, bildet die Gruppe der Standardlänge 32,5 Meter (Normalprahm). Dann baute man die Großschubprahme GSP 54 und GSP 65 mit Glattdeck, danach erst SP 65 (65 m Länge) mit Laderaum.

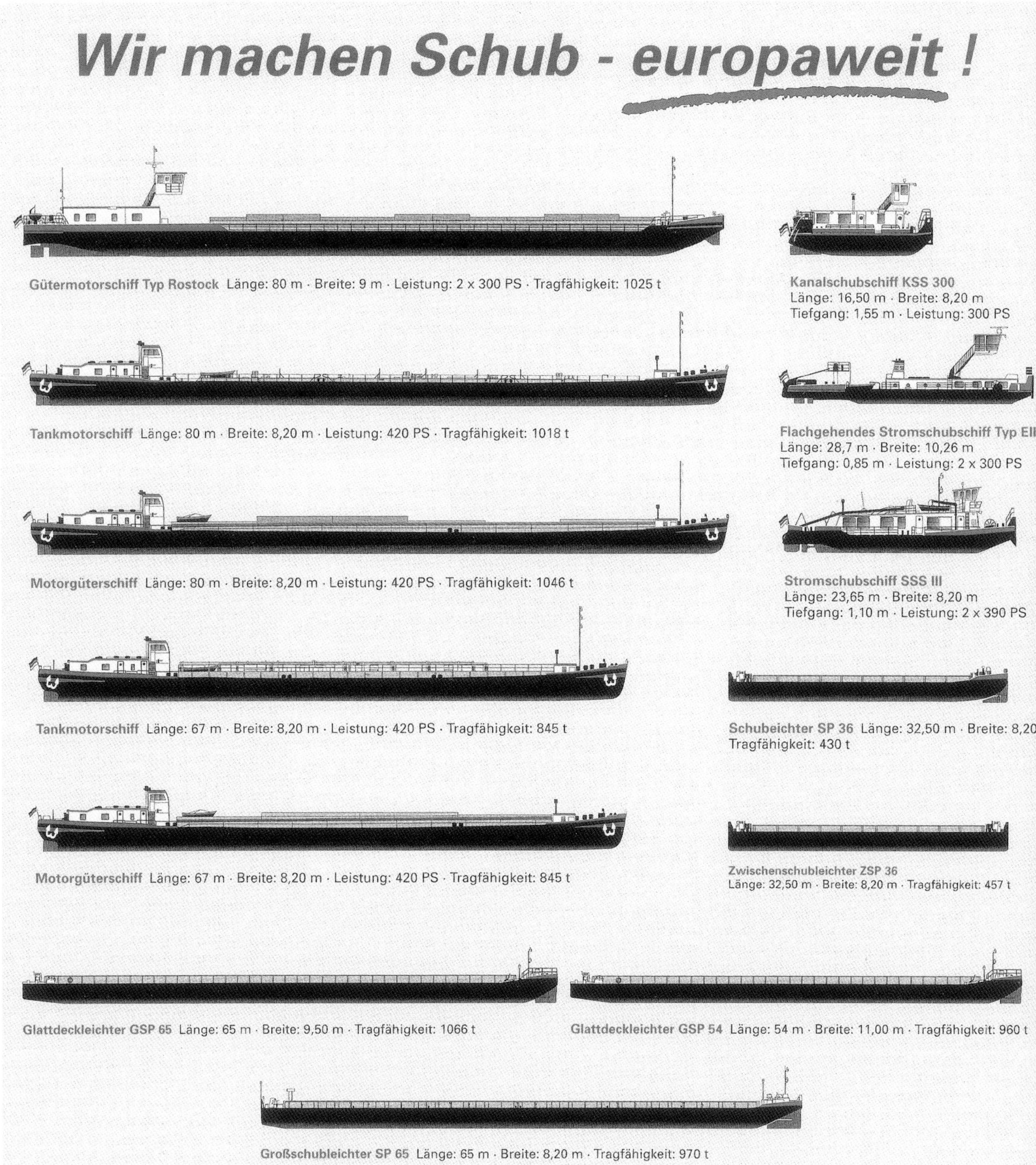

Gesamtüberblick der von der Deutschen Binnenreederei Berlin eingesetzten Schiffstypen. Bei dem Kanalschubschiff KSS 300 handelt es sich um das Typschiff KSS 82, bei dem Stromschubschiff SSS III um das Typschiff 70/Bauausführung 3. Die Gütermotorschiffe Typ Rostock, Baujahre 1986/87, besitzen zwei Schubschultern.

Stromschubschiff (SSS) vom Typ 64, „Sch 2510“: Baujahr 1966, Länge: 25,01 m, Breite: 8,19 m, Tiefgang: 1,00 m, 474 PS, 3–4 Mann Besatzung.

Stromschubschiff mit vier voll beladenen Standardprähmen und 1.600 Tonnen Ladung zu Tal bei Coswig/Anhalt.

Stromschubschiff vom Typ 67 „Sch 2631“: Länge: 21,65 m, Breite: 8,19 m, Tiefgang: 1,10 m, 600 PS, 3–4 Mann Besatzung.

SSS vom Typ 67 „Sch 2632“ auf der Elbe bei Magdeburg.

Schubschiff „2629“ (2 x 300 PS) mit fünf Schubprähmen auf der Elbe bei Tangermünde.

Stromschubschiff Typ 70/3 „Sch 2701“: Baujahr 1971, Länge: 23,65 m, Breite: 8,19 m, Tiefgang: 1,10 m, 780 PS bei 1.000 U/min, zwei in Düsen arbeitende, dreiflügelige Schiffspropeller, 3–4 Mann Besatzung.

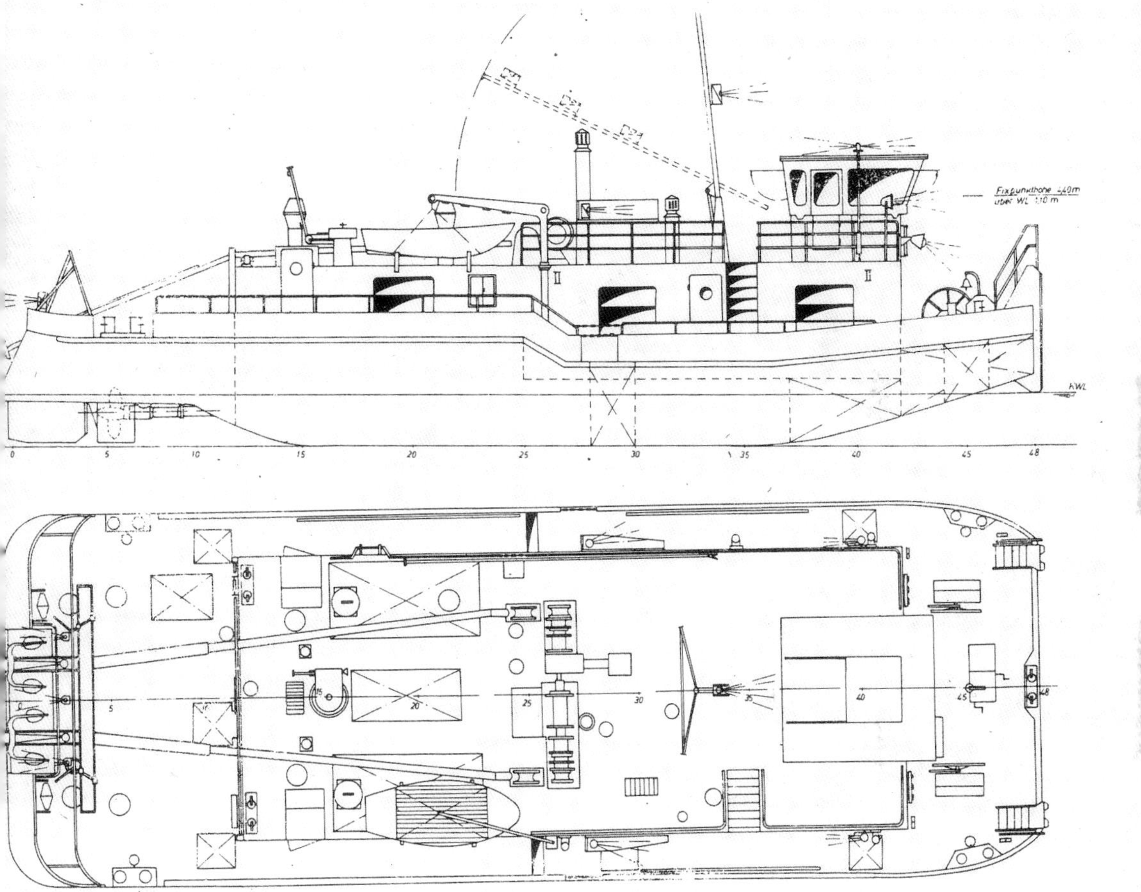

Generalplan SSS Typ 70/3. Bauausführung: Seitenhöhe Schiffsrumpf ohne Aufbauten: 1,85 m, Fixpunkthöhe: 4,40 m, Deplacement: 144 t. Seiten- und Oberdeckansicht.

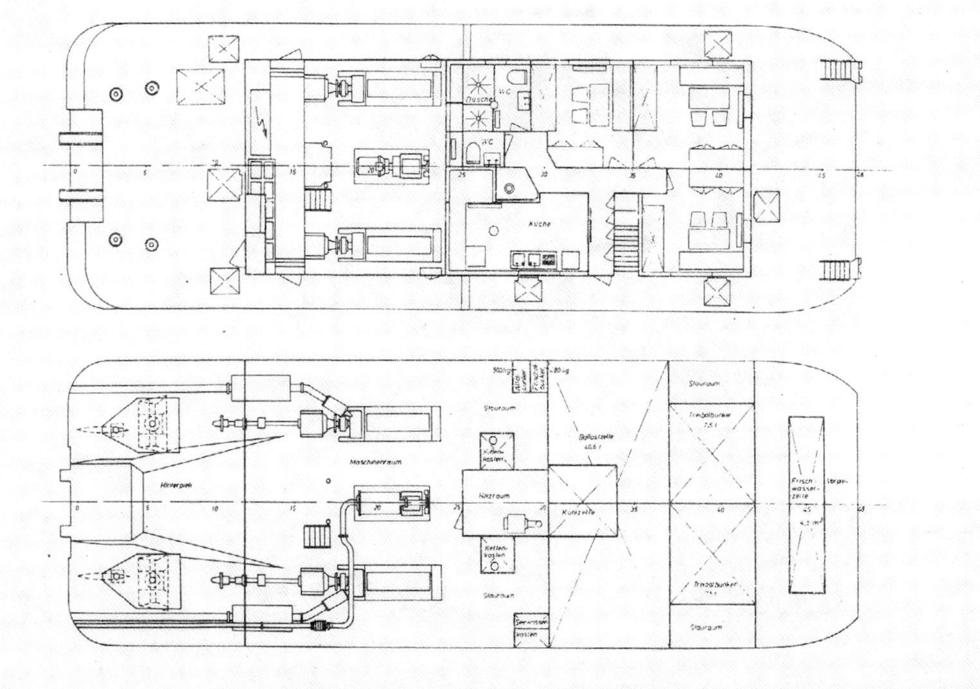

Plan der Oberdeckkajüten und des Maschinenraums.

Das flachgehende Stromschubschiff „SCH 2635“, Hersteller: Werft Genthin des VEB Schiffsreparaturwerften Berlin, als Schiff des VEB Binnenreederei Berlin im Hafen Dresden.

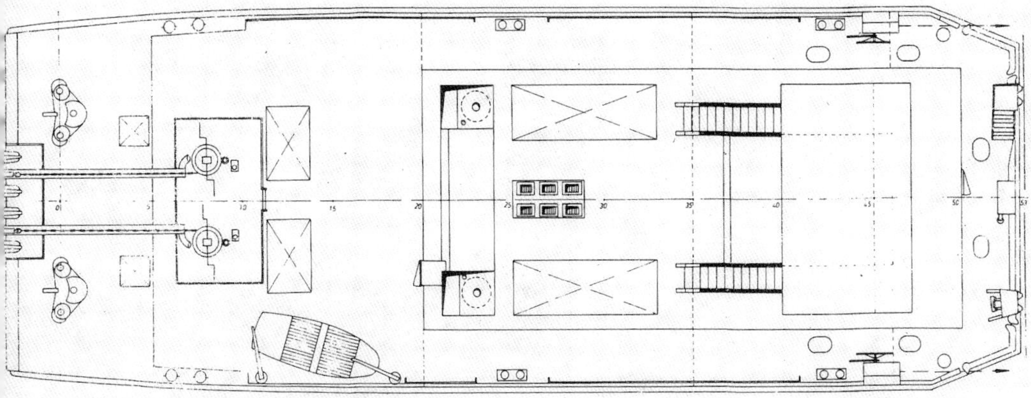

Generalplan des flachgehenden Stromschubschiffes: Länge: 28,65 m, Seitenhöhe: 1,50 m, Fixpunkthöhe: 4,25 m, Sichthöhe Steuerstand ausgefahren: 6,20 m, Breite: 10,20 m, 600 PS.

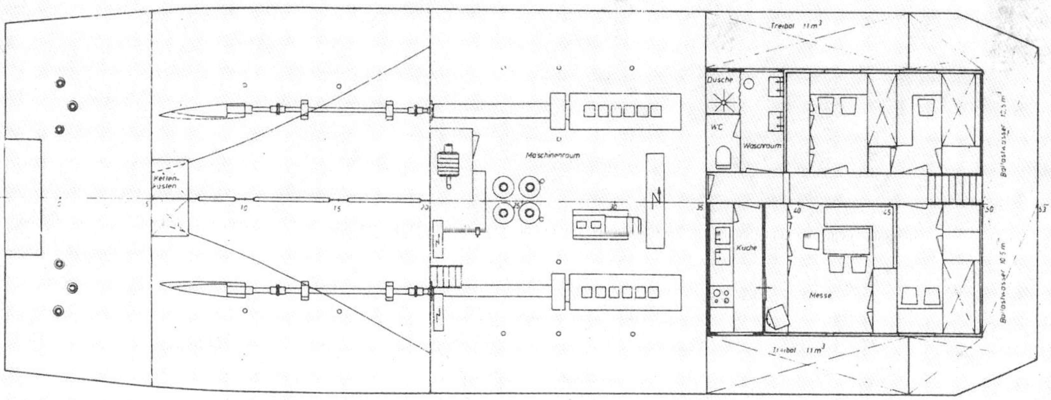

Plan eines Glattdeckprahmes GSP 54 von 54,0 Metern Länge, 11,0 Metern Breite und 950 Tonnen.

Schubschiff „2703“ fährt mit drei Normalschubprähmen 32,5 x 8,20 m, einem Schleppkahn auf Seite und einem Schubkahn bei Dornburg zu Berg.

Plan eines Großschubprahmes GSP 65 von 65,0 Metern Länge, 8,2 Metern Breite und 985 Tonnen.

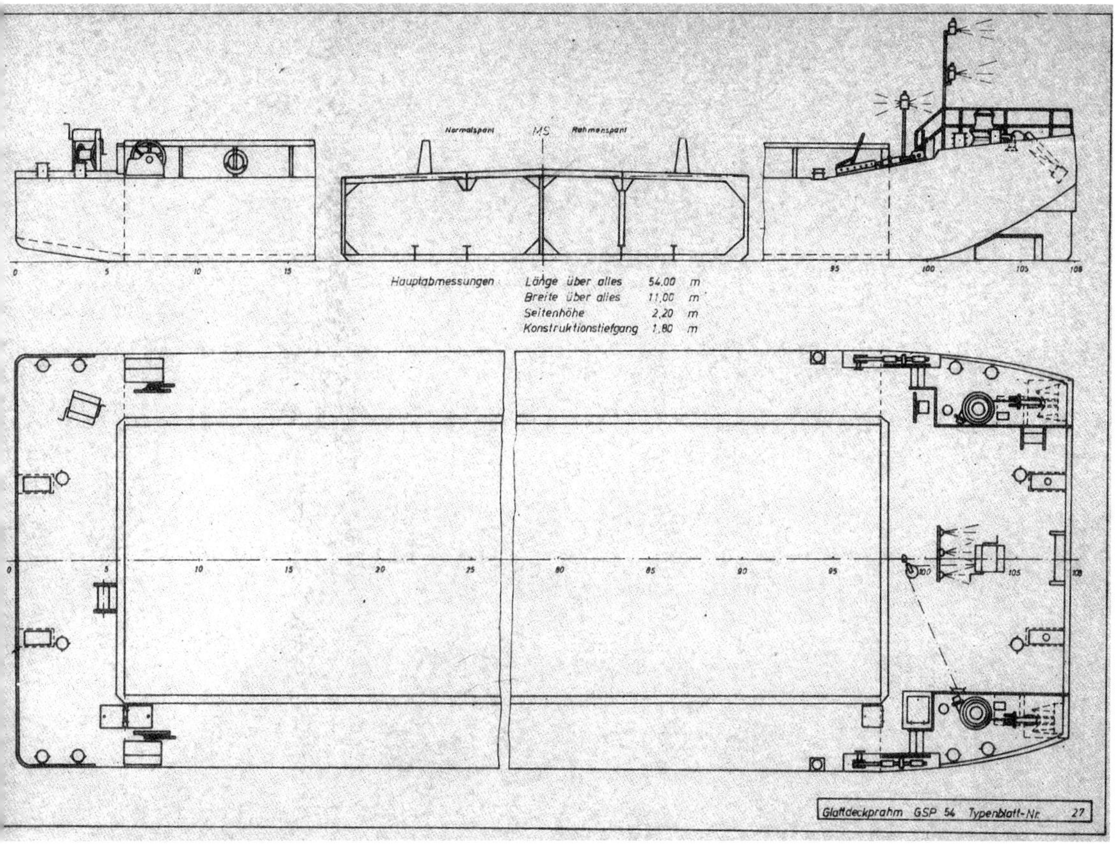
Normalspant
MS
Rahmenspant
Hauptabmessungen
Länge über alles 54,00 m
Breite über alles 11,00 m
Seitenhöhe 2,20 m
Konstruktionstiefgang 1,80 m
Glattdeckprahm GSP 54 Typenblatt-Nr. 27

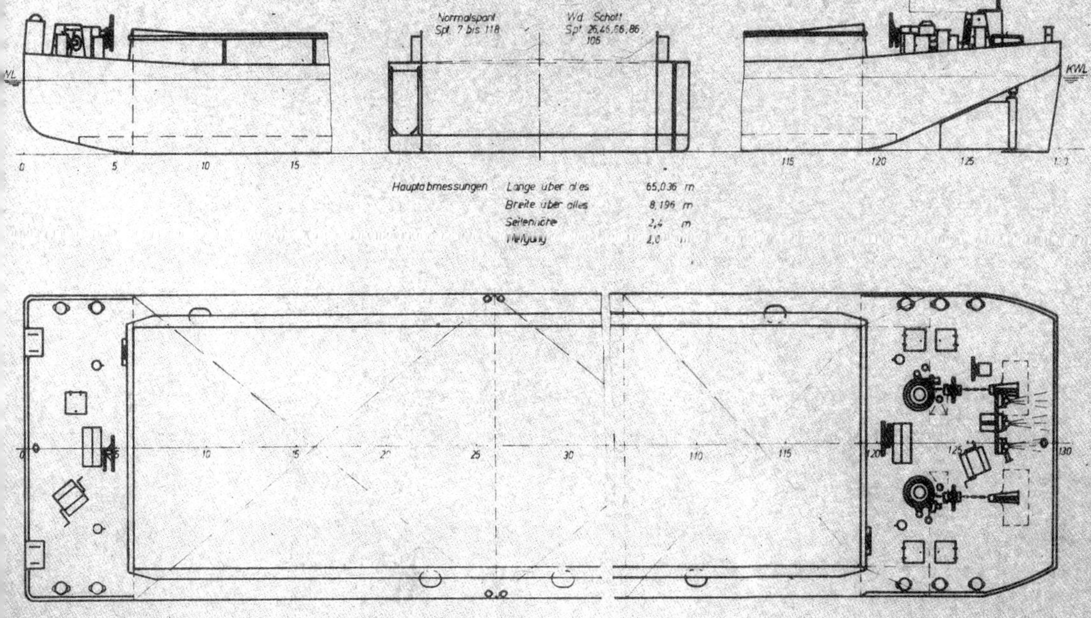
MS
Normalspant
Spt. 7 bis 118
Wd. Schott
Spt. 26,46,66,86,
105
KWL
Hauptabmessungen
Länge über alles 65,036 m
Breite über alles 8,196 m
Seitenhöhe 2,4 m
Tiefgang 2,0 m
Schubprahm SPW 82 Typenblatt-Nr. 30

Schiffsführer im Steuerhaus eines Stromschubschiffes Typ 64 (474 PS). Das große Steuerrad gehört der Vergangenheit an.

Eine andere Perspektive: Blick auf einen doppelt breiten (16,4 m) Schubverband. ▼

Kanalschubboot „Sch 2367“, Typ KSB 190 Z, mit 3 SP. Daten des KSB: Länge: 14,00 m, 180/204 PS, 3 Mann Besatzung. Von diesem Typ wurden bis zur Indienststellung der „KSS 82“ nur einige zum Bugsieren in den Häfen der Elbe verwendet.

SCH 2401

Sch 2523

◄ Neues Kanalschubschiff (KSS) „Sch 2401“ in Berlin: Baujahr 1983, 300 PS.

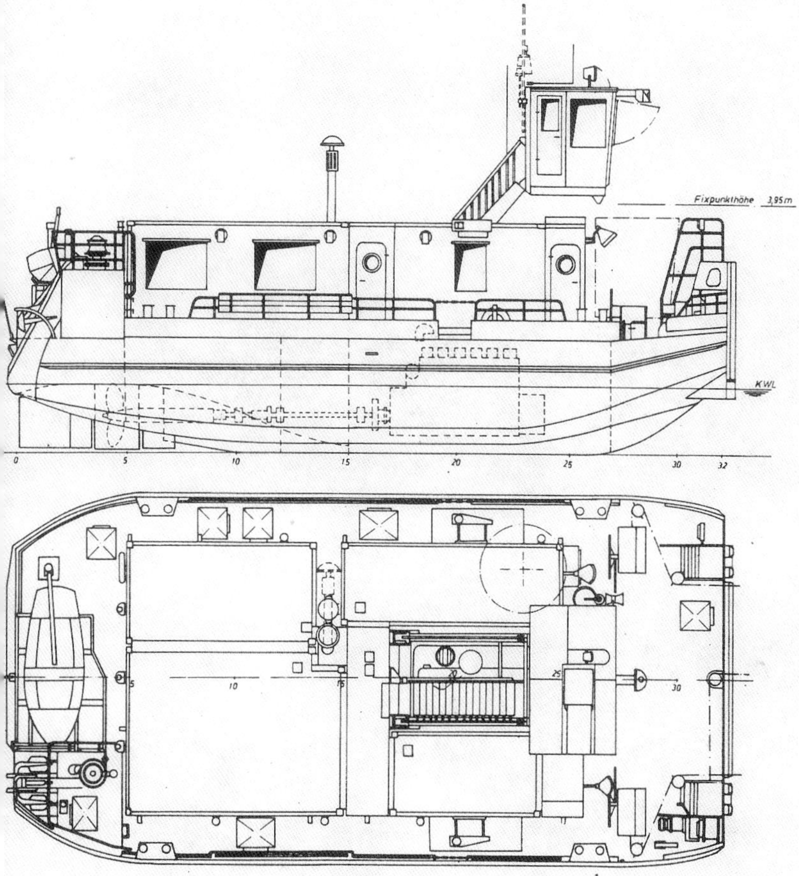

Länge	16,50 m
Breite	8,15 m
Seitenhöhe	2,50 m
Konstruktionstiefgang	1,50 m
Antrieb	1x 6VD 36/24-1U

Generalplan des Kanalschubschiffes vom Typ KSS 82/300 PS.

◄ Das Stromschubschiff „Sch 2523“ (Baujahr 1968, Länge: 25,45 m, Breite: 8,19 m, Fixpunkthöhe: 5,29 m, Leertiefgang: 0,85 m, 474 PS) im elbseitigen Vorhafen der Schleuse Niegripp am Elbe-Havel-Kanal.

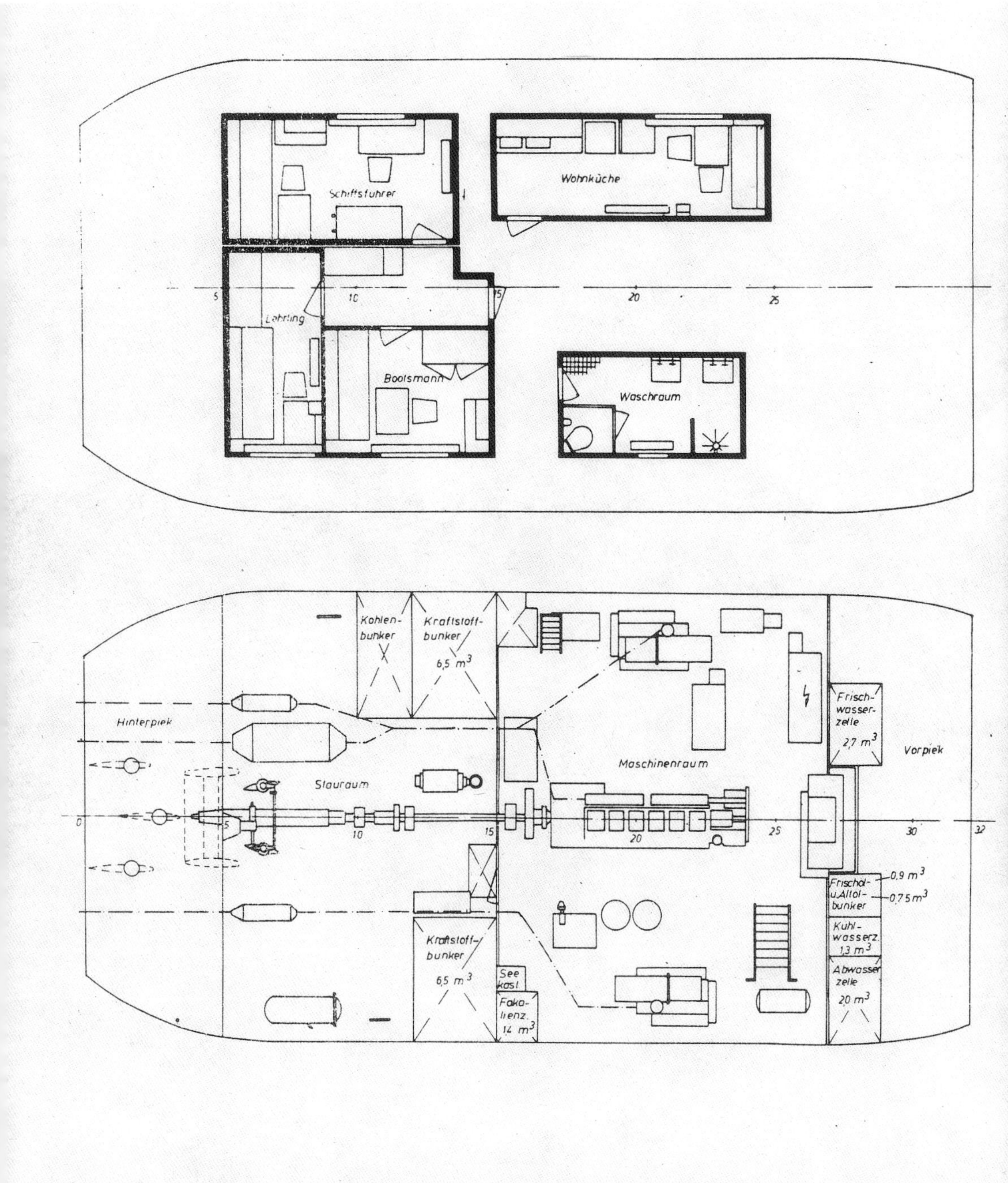

Generalplan des Kanalschubschiffes vom Typ KSS 82/300 PS.

KSS „SCH 2404“ 1991 beim Passieren der Schleuse Lauenburg des Elbe-Lübeck-Kanals, Verbandslänge 96,5 Meter.

◂ KSS mit drei Schubprahmen von je 32,5 Metern Länge und 435 Tonnen auf der Elbe.

Der erste der eisverstärkten Neubauprähme. Vorschiff des „Kopfprahmes" mit zwei Ankern und Winden. Der per Handrad bedienbare, bewegliche Teil des Bugruders befindet sich unter Wasser.

◂ 1984/85 baute die Schiffswerft Böttcher & Gröning gemeinsam mit der HDW Hamburg für die DDR-Binnenreederei im Auftrag des VEB Schiffscommerz Rostock (Außenhandelsbetrieb) 23 Schubprähme (Länge: 32,5 m, Breite: 8,16 m, bei 2,05 m Tiefgang 417 t). Die Produktion erfolgte an Land, sodass ein Kran die kompletten SP ins Wasser setzte.

Achterschiff des Neubau-Schubprahmes.

Tandemverband von 152 Metern Länge mit zwei voll beladenen GSP 65 (jeweils Länge: 65 m, Breite: 8,2 m) beim Kiestransport von 2.000 Tonnen während einer Versuchsfahrt 1980 nach Dresden. Begleiter war der Schubschlepper „Lowat“ (225 PS).

– 3 –

Schubschiffe und Schubleichter der ČSPLO

Die erste Schubschiffserie für die kanalisierte Elbe und Moldau der tschechoslowakischen Reederei waren ab 1965 die Doppelrumpfschubboote vom Typ DTL 240 der Schiffswerft Melnik. Überhaupt wurde Melnik zur Bauwerft für Schubschiffe. Die für den Einerverband dazugehörigen 36 offenen Leichter TC 900 (Länge: 60,6 m, 844 t) baute man auf verschiedenen Werften schon ab 1964. Für den Auslandsverkehr nach Hamburg stellte die ČSPLO von 1969 bis 1975 insgesamt 13 Schubschlepper vom Typ TR 600 (TR1–TR13) in Dienst; dazu eine gleichgroße Anzahl Schubleichter TC 1200. Als weitere Schubkraft folgten von 1980 bis 1983 insgesamt 13 Schubschiffe vom Typ „Muflon“ (Bauwerft: Wroclaw in Polen) und von 1981 bis 1990 insgesamt 26 Schubschlepper TR 610 ab der ČSPLO-Registriernummer TR 14.

Die ČSPLO ließ von 1980 bis 1989 insgesamt 60 große Schubleichter TC 1100 (Länge: 71,0 m, Breite: 10,4 m, 1.240 t), ausgestattet mit einer Einmannkajüte im Hinterschiff in Utrecht/Holland (3), Plock/Polen (26) und Valtyrov (31) bauen. Zusätzlich produzierte man in der ČSSR 58 sogenannte halbe Leichter TC 500 (Länge: 39,5 m, Breite: 9,05 m, 534 t), die jeweils vor einem großen Leichter gekoppelt wurden.

Für den Inlandsverkehr erhielt die Reederei nach den im Braunkohletransport eingesetzten 68 Schubschiffen vom Typ TR 500 (Baujahr 1976 bis 1981) in den Jahren 1983/84 insgesamt 39 baugleiche TR 400, zusätzlich ausgerüstet mit Heckanker und Koppelwinde.

Einer der letzten Heckradmotorschlepper, Baujahre 1951 bis 1957, um 1980 auf der Elbe bei Meißen: Länge: 57,53 m, Breite: 8,00/9,16 m über Radkästen, Tiefgang 0,85 m, Skoda-Dieselmotor 550 PS bei 320 U/min.

Die ersten Schubboote der ČSPLO wurden aus Polen bezogen.

Boote vom Typ „TUR“ fuhren später in Charter auch für die Binnenreederei Berlin (hier zu sehen). „TUR 48“: Länge: 20,86 m, Breite: 6,00 m, Tiefgang: 1,05 m, 240 PS.

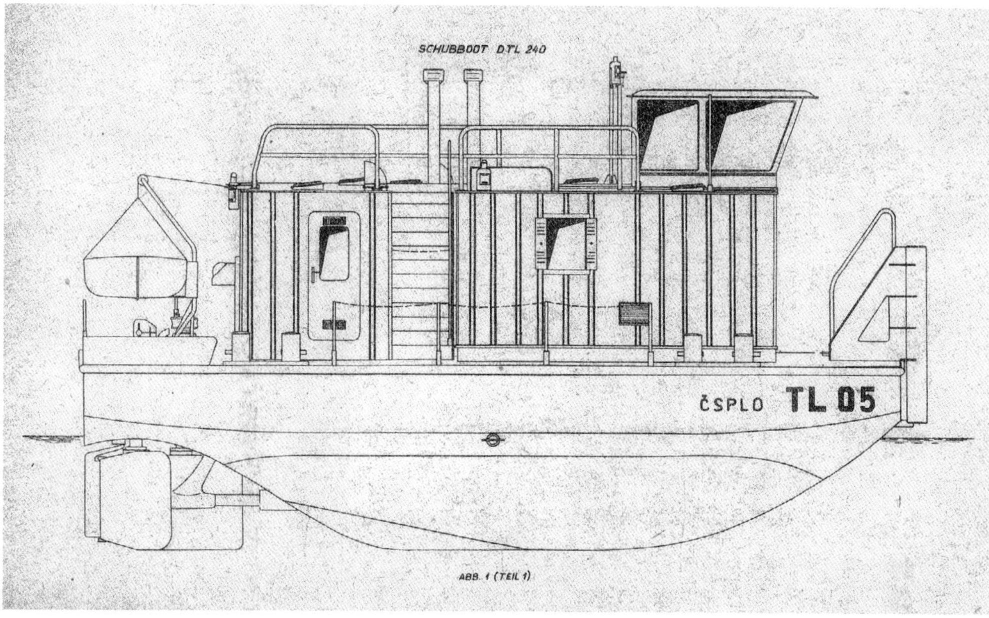

Plan des Doppelrumpfschubbootes „TL 05" vom Typ DTL 240: Baujahr 1965, Länge: 10,80 m, Höhe: 2,30 m, Tiefgang: 1,44 m, 2 x 135-PS-Dieselmotoren von Skoda.

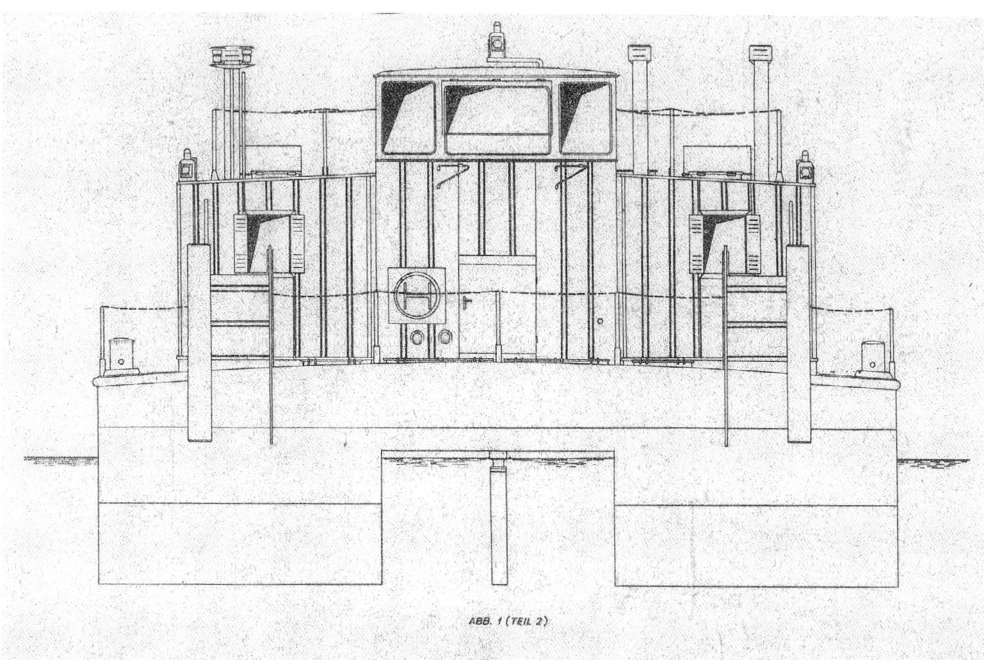

Plan DTL 240: Die Schiffsbreite liegt bei 9,11 Metern.

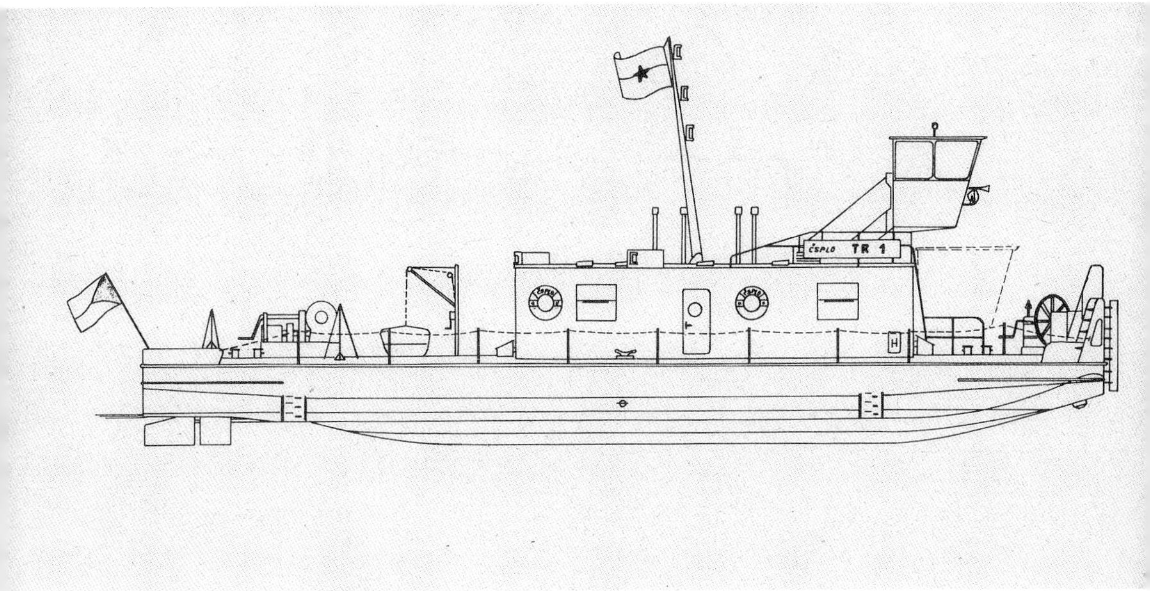

Plan und Daten des Schubschleppers Typ TR 600 ...

... Länge: 24,98 m, Breite: 9,12 m, Tiefgang: 1,0 m, 2 x 330-PS-Dieselmotoren von Skoda, bei 1.250 U/min, über ein Getriebe auf 560 Umdrehungen der Schiffspropeller reduziert.

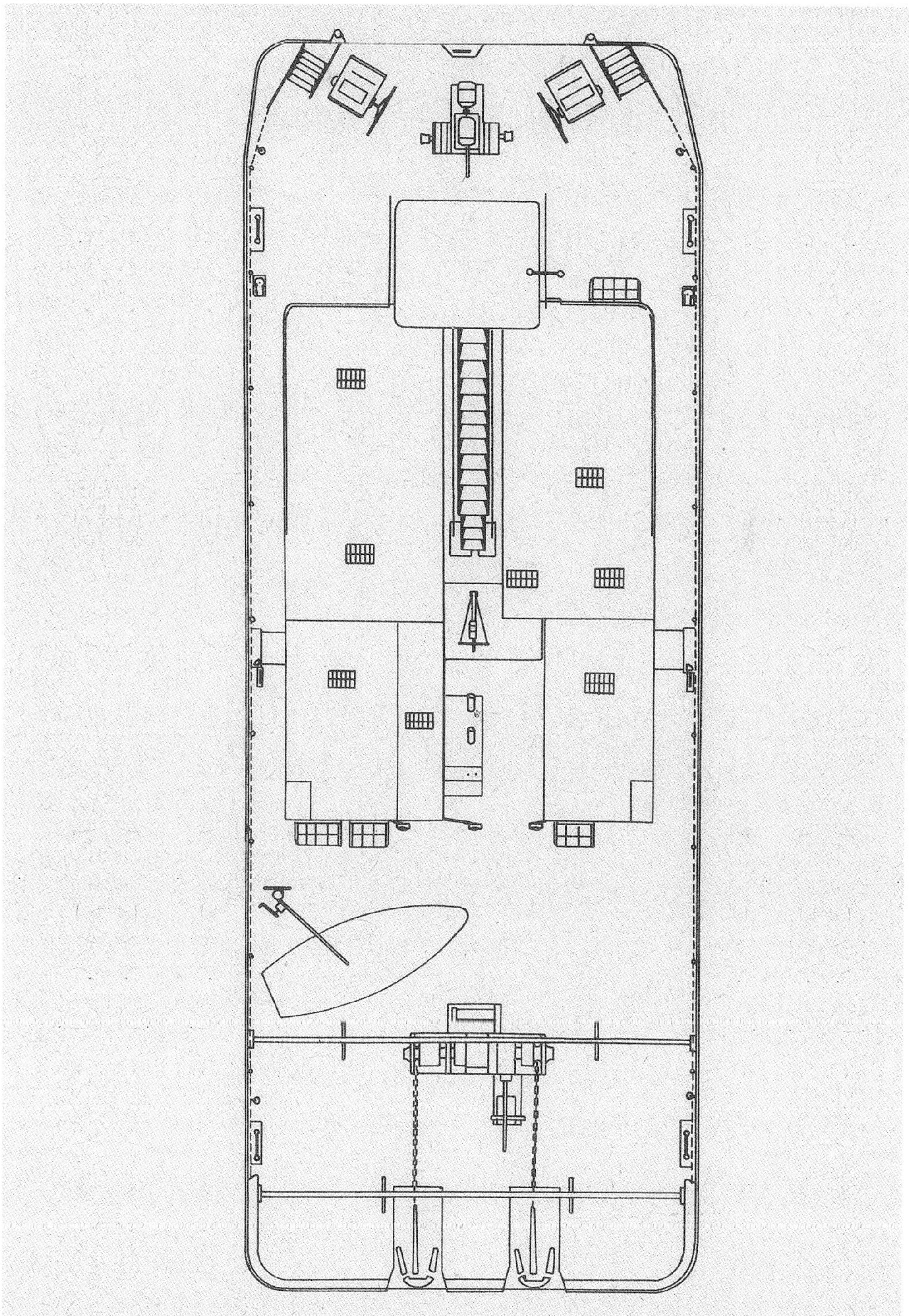

Schubschlepper TR 4, Baujahr 1971, mit dem Schubleichter TC 1200 auf der Oberelbe in Richtung Tschechoslowakei.

Schubschlepper TR 9, Baujahr 1973, 3 Mann Besatzung in Einzelkajüten.

Schubleichter vom Typ TC 1200 (Länge: 70,4 m, Breite: 10,10 m, 1.200 t).

Daten der aus Polen angekauften Schubschiffe des Typs „Muflon", TR 701-718: Länge: 22,54 m, Breite: 8,90 m, Tiefgang: 1,15 m, 2 x 385-PS-Dieselmotoren von Wola. Das Foto entstand auf der Oder.

ČSPLO-1209

ELBE 1

◄ Das Schubschiff „Muflon“ der ČSPLO 1988 mit beladenem Schubleichter ČSPLO-1209, 1.200 Tonnen, bergwärts in Riesa nach Beendigung der Hochwassersperre.

Das neue Schubschiff TR 501 (Länge: 12,35 m, Breite: 8,65 m, Tiefgang: 1,50 m, 2 x 280-PS-Skoda-Hauptmaschinen, Leistung an den Propellern 2 x 250 PS) stellte die DDR-Zeitschrift „Seewirtschaft“ in der Ausgabe 9/1978 vor.

◄ ELBE1 (seit 2015) der LAUK Ewerführerei Hamburg war vorher Schubschlepper TR 24/Typ TR 610: Baujahr 1986, Länge: 27,22 m, Breite: 8,70 m, Tiefgang: 0,91/1,20 m, 2 x 420-PS-Dieselmotoren von CKD/ab 1997 2 x 505 PS Cummins.

TR 22
CS
CS
PRAHA

TR 30

◂ Die Schubschlepper TR 22/TR 30/TR 33 vom Typ TR 610 können wahlweise schieben und schleppen. TR 22, Baujahr 1986, Länge: 27,20 m, Breite: 8,70 m, Tiefgang: 1,2 m, 2 x 420-PS-Dieselmotoren von CKD.

TR 33, Baujahr 1989.

◂ TR 33, Baujahr 1989.

ČSPLO-Schubverband auf der Elbe im tschechischen Böhmen.

Schubschiff TR 402 (Baujahr 1981, Länge: 12,4 m, Breite: 28,6 m, 560 PS) dient im Hamburger Hafen als Bugsierer.

– 4 –

Schubschifffahrt auf dem Strom

Die seitens der Deutschen Binnenreederei von 1963 bis 1965 gemeinsam mit der FAS, der Forschungsanstalt für Schifffahrt und Grundbau, Berlin, durchgeführten Versuchsfahrten dienten der Erprobung der Kopplungssysteme und Schubverbandsformationen. Ferner konnte man auf die mit der Einführung der Kanalschubschifffahrt von 1964 bis 1966 gemachten Erfahrungen zurückgreifen. Das ursprünglich für die enge Kanalfahrt gedachte, manuell über ein Steuerrad betätigte Bugruder am „Kopfschubprahm" wurde beibehalten, an der Stelle der Spannratsche der Drahtseilkopplung wurde die Seilwinde aufgebaut. Die Reederei stellte das erste Neubau-Stromschubschiff 474 PS (350 kW) Ende 1966 in Dienst.

Die ČSPLO machte ihre Erfahrungen zuerst 1964/65 mit den angekauften polnischen Neubauschubeinheiten und dann mit den Doppelrumpfschubbooten. Sie brachte als erstes Neubauschiff für die Stromelbe 1969 den 660-PS-Schubschlepper in Fahrt. Zum Koppeln der Verbände kamen wie in der DDR Drahtseilkopplungen infrage, aber auch Schlosskopplungen.

Nach Abschluss der Neubauserien besaß vor 1990 die DBR 61 Stromschubschiffe (53 auf der Elbe) und die ČSPLO 52 TR 600/TR 610/TR 700 „Muflon".

Die DBR wählte für den Standardschubprahm (Normalschubprahm) die Länge von 32,5 Metern und eine Breite von 8,2 Metern, damit ein unkompliziertes Passieren der damals östlich der Elbe teilweise nur 67 Meter langen Schleusen möglich wurde. Erst nach 1970 folgten die für die Elbe und Oder geeigneten Großprahme GSP 54 (54 x 11,0 m) und GSP/SP 65 (65 x 8,2 bzw. 9,5 m). Die DBR-Prahme wurden von Koppelstelle zu Koppelstelle an Wasserstraßenknoten und zu den Häfen in unterschiedlich großen Schubverbänden gebracht. Bei der ČSPLO trennt man die ein bis zwei Schubleichter großen Verbände selten vom Schubschiff. Die vor 1990 bundesdeutsche Flotte im Elbeverkehr nach Hamburg, bis zum Nord-Ostsee-Kanal und nach Berlin umfasste vorübergehend bis zu 15 Neubauschubschiffe und die gut dreifache Anzahl an Schubleichtern. Bis auf Ausnahmen handelte es sich um Neubauten des DDR-Schiffsbaus der Werften in Berlin und Eisenhüttenstadt.

Die Staustufe Strekov (Schreckenstein) bei Usti nab Labem mit Wehranlage, von unterhalb gesehen. An der rechten Elbseite befindet sich eine geöffnete Kammer (170 x 13/24 m) der Zwillingsschleuse.

76
Schloß Tetschen mit Schäferwand in Bodenbach.

◂ Nicht vorzuenthalten: die Elbe um 1930 bei Niedrigwasser zwischen Tetschen (Decin) und Bodenbach (rechts).

Das ČSPLO-Schubschiff Typ TR 600 bringt diesen DDR-Schubverband im Schlepp durch Decin.

◂ Das Schubschiff „Sch 2523" des VEB Binnenreederei Berlin erreicht mit zwei Schubprähmen und 800 Tonnen Ladung 1976 an gleicher Stelle Decin.

Flachgehendes SSS mit zwei beladenen SP als Tandemverband (Verbandslänge: 89 m) auf der Oberelbe bei Bad Schandau.

Talfahrt eines DDR-Schubschiffes mit leerem Schubprahm durch Dresden.

◂ Mit Vorspannschlepper durch die Brücken von Dresden.

Unter Niedrigwasserbedingungen gegen die Strömung in Richtung Meißen fahrender ČSPLO-Schubverband, Schubschiff Typ TR 600.

◂ Blick aus dem Steuerhaus eines Binnenreederei-Schubschiffes. Der Entgegenkommer ist ein ČPLO-Schubverband (vorn ein „halber“ Leichter).

Stromschubschiff „2629“ (600 PS) mit vier Schubprähmen und 152 Metern Verbandslänge auf der Oberelbe.

Die ČSPLO stationierte auch im deutschen Elbabschnitt mehrere Bugsierer/Vorspannschlepper, so in Dresden (hier zu sehen), Magdeburg und Hamburg.

Im Osten des geräumigen Dresdner Hafens werden bei ungünstigen Tauchtiefen die für oberhalb bestimmten Schiffe geleichtert und die Ladung wird, wie hier 1976 zu sehen, von zwei auf einen dritten Schubprahm verteilt.

Leerer Dreierverband SSS vom Typ 64 (Verbandslänge: 122,5 m) bei der Fahrt stromaufwärts.

Schubverband vor der alten Eisenbahnbrücke in Magdeburg. Geschoben wurden zwei SP und auf Seite zwei Kähne.

Doppelzwillingsverband (2 x 2 Normalschubprahme, Länge: 32,50 m, Breite: 8,2 m) talwärts vor der Neuen Strombrücke in Magdeburg.

Der talwärts fahrende Schubverband von „Sch 2520“ (474 PS) steuert in Magdeburg nach der Strombrücke den Werder an.

Leerer Großschubverband zu Berg in Magdeburg.

Reger Schubverkehr in Magdeburg, Blick elbaufwärts zur Zollelbe. In der Bergfahrt, d.h. gegen die Strömung, befindet sich das ČSPLO-Schubschiff TR 8 (680 PS), Heimathafen Praha (Prag).

Am Elbvorland zum Handelshafen. Stromabwärts ist die Eisenbahnbrücke zu sehen. An den Schiffen der ČSPLO vorbei fährt ein Schubverband der DBR.

Dreierverband „Sch 2501“ (SSS + 3 SP), Verbandslänge: 122,5 m, 1974 in Magdeburg. Vorn ein kleiner Motorschlepper der ČSPLO, dahinter ein weiteres SSS der DBR.

Die Infobroschüre „Die Elbe" der Wasser- und Schifffahrtsdirektion Ost, Magdeburg zeigt die Elbe im Norden der Stadt. Rechts fließt der Strom nach Norden (oben), links zweigt oben der Verbindungskanal zum Schiffshebewerk Rothensee und zum Kanalhafen ab, dazwischen liegt als Landzunge der Trennungsdamm, ganz links der Industriehafen.

Sechser-Schuberverband – fünf SP und ein GSP 65 (65 m) zu Tal bei Hohenwarthe.

Stromschubschiff „Sch 2629“ mit fünf Standardprähmen zu 440 Tonnen unterhalb der alten Straßenbrücke Tangermünde.

Fahrt gegen die Strömung in Richtung Magdeburg: Doppelschubverband (zwei Schubschiffe mit SP) bei Tangermünde.

◄ Beladener Zwillings-Tandemverband (Länge: 87 m, Breite: 2 x 8,2 m (2 SP x 2 SP)) vor Wittenberge.

Wasserschwall eines Bord zu Bord gekoppelten Schubprahms mit Spiegelheck.

◄ Großer Schubverband mit einer Breite von 16,4 Metern. Blick vom Steuerhaus.

Der Schubverband verlässt die Trogkammer (nutzbare Länge: 100 m, Breite: 12 m). ►

Schubverband „Sch 2621" im unteren, elbseitigen Vorhafen des Zwillingsschiffshebewerkes Lüneburg-Scharnebeck vom Elbeseitenkanal. Hubhöhe bis 38 Meter, je nach Wasserstand der Elbe.

Das Schiffshebewerk Scharnebeck in der oberen Haltung mit geöffnetem Hubtor. ►

◂ Vierer-Kanalschubverband eines KSS 24, 300 PS, in der Schleuse Brandenburg/Havel.

Tschechischer Containerschubverband durch Magdeburg.

◂ Leerer Zweier-Kanalschubverband KSS 24 in der Schleuse Lauenburg/Elbe.

CSPLO-525

4008

◂ Die ČSPLO brachte schon vor 1980 Skoda-Pkw zum Seehafen Hamburg. Im Laderaum wurde normales Schüttgut verstaut. ČSPLO-525 ist ein „halber" Leichter (Länge: 35,5 m, Breite: 9,05 m, 534 t).

Diese Ansichtskarte von 1934 zeigt in der Mitte zwei Hafenschlepper mit Schute. Diese Spitzschuten, wie auch die späteren Kastenschuten, besaßen eine Ruderanlage. 1963 gab es in Hamburg noch 2.700 Schuten und 250 Hafenschlepper. Die dann insbesondere von der Firma Carl Robert Eckelmann für den Schlepp- und Schubverkehr zum Einsatz gebrachten, pontonähnlichen Puntschuten von bis zu 26,5 Metern Länge besaßen eine Tragfähigkeit von bis zu 450 Tonnen.

◂ 1990 erfolgte im Schubverkehr als Projektladung der Transport einer Fußgängerbrücke von Frankfurt/Oder nach Hannover mit dem Großprahm 4008 (Länge: 65 m, Breite: 8,2 m).

1972 fuhr dieses SSS der Reederei STB Schiffahrt und Transport GmbH Berlin, unverändert Heimathafen Minden, auf der Elbe.

Schwertransport mithilfe eines DBR-Schubverbandes (drei Normalprähme) auf der Elbe bei Heidenau.

„Elb-Baas“ (Reederei Robert Eckelmann in Hamburg, Baujahr 1972, Sietas-Werft in Hamburg, Länge: 23,5 m, Breite: 9 m, Fixpunkt: 3,9 m, Tiefgang: 1,6 m, 2 x 800-PS-Deutz-Dieselmotoren, bei 750 U/min, 2 x dreiflüglige Propeller, Durchmesser: 1,65 m in Kort-Düsen).

„Spree-Baas“ (Reederei Robert Eckelmann in Hamburg 1972 bis 1980, Baujahr 1972, VEB Yachtwerft in Berlin, Länge: 23,6 m, Breite: 8,2 m, 2 x 390-PS-Dieselmotoren).

„Trave-Baas“ (Reederei Robert Eckelmann, Hamburg, ex STB 2, ex Marimoto Schub 2).

– 5 –
Schubschifffahrt in den Binnenhäfen

Die DDR-Binnenschifffahrt betrieb den Schubverkehr auf sämtlichen Hauptwasserstraßen mit steigenden Leistungsanteilen. Eine Ausnahme bildeten Reisen über den Mittellandkanal und von 1961 bis 1985 zur Ostseeküste, wo das Motorgüterschiff vorgezogen wurde. Die rund 100 MS übernahmen Langstreckentransporte ab etwa 300 Kilometern. Etwa 15 MS fuhren als Kombi-(Koppel)Verbände. Die Abwicklung der Transporte war und ist auch heute noch in den Verlade- und Transportbedingungen der Reedereien geregelt. Die Beförderung erfolgt mit Fahrzeugen, die der Frachtführer bestimmt. Beim Einsatz von Schubleichtern können besondere Vereinbarungen getroffen werden.

Dem Ablauf der Übergabe/Übernahme (Ü/Ü) der Ladung und des besatzungslosen Schubleichters auf der Grundlage der Frachtpapiere kommt dabei eine besondere Bedeutung zu. Nach der Ü/Ü an der im Hafen vereinbarten Stelle ist der Hafen für alle nachfolgenden Bugsier- und Verholarbeiten am Lade- bzw. Löschplatz verantwortlich. Die Schubprähme und Schubkähne der DBR sind alle besatzungslos, auf den großen Leichtern der ČSPLO war ein Besatzungsmitglied ständig an Bord. Das erleichtert die Übergabe-/Übernahmehandlung. Im Seeschiffhafen muss daher eine Binnenreederei mit eigenem Schubschiffbugsierer ständig zur Stelle sein. Die DBR setzte in den Binnenhäfen 17 kleinere (100–140 PS) Schubbugsierer ein, die ČSPLO im Inland 23. Dennoch blieben die Streckenboote von Bugsierleistungen vom Strom bis zum Hafen nicht befreit. Bei den Stromschubschiffen der Deutschen Binnenreederei entfielen einschließlich der Einsätze in Hamburg zehn Prozent auf Bugsierleistungen.

Schubbugsierer von 100/140 PS (Länge: 10,7 m, Breite: 5,1 m), wie hier in Riesa, wurden in der DDR für die Binnenreederei, Häfen, Wasserbau- und Meliorationsbetriebe sowie für Kieswerke gebaut.

Zuflucht im Hafen Riesa vor dem Frühjahrshochwasser der Elbe. Es warten mehrere Schubschiffe des VEB Deutsche Binnenreederei (DBR), so „Sch 2636“ (Draufsicht) und gegenüber Einheiten der ČSPLO.

Die Schubbugsierer wurden auch auf Kurzstrecken und Nebenwasserstraßen eingesetzt.

ČSPLO-9

◂ Schubbugsierer (Bildmitte) der ČSPLO im Hafen Schönebeck, von wo aus nach Bahnverlauf ab Staßfurt die Salzexporte der DDR per Binnenschiff in die ČSSR gelangten.

Einerverband „Sch 2502“ (SSS + 1 SP), Verbandslänge: 57,5 m. Die Kopplung des Verbandes erfolgt mit 15 Meter langen Kopplungsdrähten und Kopplungswinden.

◂ Schubbugsierer in Magdeburg am Industriehafen und Schleusengraben.

Schubverband der DBR an der Verladestelle am Stromhafen des Chemiewerkes Nestemice am linken Elbufer.

In Sicht: der Stromhafen Decin-Loubi (Tetschen-Laube) am rechten Ufer der Elbe, Elb-km 96,4–98,2.

Mit Kies aus Borschütz bei Mühlberg beladener Schubverband vor der Einfahrt des Hafens Dresden-Friedrichstadt (Alberthafen).

Im Elbhafen Dresden legt ein flachgehendes Stromschubschiff einen Großschubprahm zur Entladung vor.

Flachgehendes SSS mit zwei leeren GSP 54 in Riesa auf Fahrt zum Kieswerk Borschütz bei Mühlberg.

Erprobungsfahrt 1974 mit zwei unterschiedlichen Großprähmen (65 Meter) in Meißen auf Fahrt nach Dresden: an der Spitze mit Laderaum, dahinter als Glattdeck.

Der Hafen Riesa war damals wie Meißen und Torgau ein Betriebsteil des VEB Binnenhäfen Oberelbe in Dresden.

Baggerschiff zur Nasskiesförderung bei Mühlberg.

Zwillings-Tandemschubverband im Hafen Torgau.

Übergabe-/Übernahme- und Koppelstelle für den Schubbetrieb zwischen Binnenreederei und Binnenhafen am Schleusengraben der in Magdeburg nicht fertiggestellten Elbeschleusenanlage 1943. ▸

Umweltschutz? Steinsalzverladung für die ČSSR in einen Schubkahn in Schönebeck.

Übergabe-/Übernahmestelle in Magdeburg am Trennungsdamm (nach 1990 Kanalhafen genannt). ▸

Im Handelshafen in Magdeburg Mitte der 1970er-Jahre.

Kali-Bandumschlagsanlage im Handelshafen.

Der Industriehafen Magdeburg an der Ausfahrt zur Elbe. Vor und hinter dem Schubkahn, der von einem Portaldrehkran bedient wird, liegen Motorgüterschiffe vom Typ Großplauer-Maß (Länge. 67 m, Tragfähigkeit: 670 t), die von 1960 bis 1962 für die DBR gebaut wurden.

Moderne Wippdrehkräne im Industriehafen Magdeburg des Herstellers TAKRAF Leipzig/Eberswalde. Der vorgelegte DBR-Deckschubprahm hat die Normalgröße von 32,5 Metern Länge und etwa 435 Tonnen Ladefähigkeit.

Metallumschlag am Schubkahn in Magdeburg am Trennungsdamm. ▼

Beladung eines offenen Schubprahmes am Trennungsdamm.

Hafenteil Trennungsdamm (rechts) des VEB Binnenhäfen Mittelelbe, Magdeburg. Zu dem VEB gehörten noch Handels- und Industriehafen sowie die anderen Betriebsteile Aken, Halle/Saale, Roßlau, Schönebeck, Haldensleben, Bülstringen, Tangermünde, Wittenberge und Brandenburg/Havel. ▼

Die Großgaserei Magdeburg am Hafen Trennungsdamm. Hierher wurde die Steinkohle aus der ČSSR transportiert.

Nasskiesförderung bei Burg und Beladung (Erprobung) auf einen Glattdeckprahm von 32,5 Metern Länge. Durch Öffnungen kann das Wasser abfließen, sodass trockenes Gut zum Bestimmungsort gelangt.

– 6 –

Binnenschifffahrt im Seehafen Hamburg

Bewältigte die Binnenschifffahrt über die Elbe für den Hamburger Hafen vor dem Ersten Weltkrieg noch vier Fünftel des Güteraufkommens, so ging dieser Anteil aufgrund der Entwicklung bei der Eisenbahn vor dem Zweiten Weltkrieg auf drei Fünftel zurück. Die politischen Veränderungen nach 1945 in Deutschland führten zum Verlust der östlichen Hinterlandanbindungen, die durch die Fertigstellung des Elbe-Seitenkanals ab 1976 nur teilweise kompensiert wurden. Auch durch die Eröffnung des Überseehafens Rostock im Jahr 1960 verlor die Binnenschifffahrt im Hamburg-Verkehr weitere Anteile. In den 1980er-Jahren entfielen auf sie 10 bis 12 Prozent, auf die Eisenbahn 50 Prozent und den Lkw 40 Prozent der Hinterlandtransporte.

Im Hamburger Hafen (Elbe-km 607,50–639,00) sind für Seeschiffe 6 bis 16 Meter und in den nur von Binnenschiffen nutzbaren Hafenbecken 3 bis 4 Meter Wassertiefe vorhanden.

Anfang der 1960er-Jahre übernahmen 30 Prozent der Transporte zwischen den Lagerhäusern und Seeschiffen noch Hafenschuten, doch einige Jahre später begann der große Umbruch. 1968 machte am Burchardkai die „American Lancer" als erstes Seecontainerschiff fest. In den Folgejahren wurden Unikai und Tollerort eröffnet, Altenwerder als größter Containerterminal 2003. 1977 wurde der Massengutterminal Hansaport angelegt, für Projektladungen (industrielle Einzelkolli) der Kamerunkai. 1985 legten in Hamburg Containerschiffe bis zu 4.000 Standardcontainer (TEU: 20 Fuß) an.

In der Nähe der Elbbrücken stationierte die Deutsche Binnenreederei im Peutehafen für den Bugsierdienst 1968 ein Schubboot. Die Brigade von neun Mann des dort als Basis dienenden Ausrüstungsschiffes fertigte 1970 insgesamt 1.639 Schubleichter und Schubkähne ab. Im Mai 1989 waren in Hamburg von der Binnenreederei zwei SSS und ein KSS stationiert. Die ČSPLO hat ihre Basis stromab im Saale- und Moldauhafen, außerdem im Peutehafen. Die Binnenschifffahrt nutzt auch Liegeplätze in der Billwerder Bucht. Über den Seehafen werden Leichter von Bargecarriern verladen. Die Abwicklung übernahm die Firma Carl Robert Eckelmann KG.

Blick in den Roßhafen aus südlicher Richtung. Das Bild entstand vor 1945. Nach Norden schließen sich der Vorhafen und die Elbe bei Altona an.

Hafen und Stadt:

Zentrum für Wirtschaft und Verkehr

Die Tatsache, daß der Hamburger Hafen 1989 seinen 800. Geburtstag feiert, dokumentiert, daß es Stadt und Wirtschaft in der wechselvollen Geschichte stets gelang, sich auf Veränderungen einzustellen, Herausforderungen aktiv anzunehmen.

Dabei waren die Entwicklungen von Stadt, Hafen und Wirtschaft immer eng miteinander verknüpft, haben sich gegenseitig gefördert. Auch heute ist der Hafen unverändert Herzstück der Hamburger Wirtschaft.

Mit einem Ladungsvolumen von rund 60 Millionen Tonnen Gütern aller Art ist er nicht nur mit Abstand größter deutscher Seehafen, sondern auch einer der bedeutendsten Umschlagplätze der Welt.
Die ergänzenden Strukturen von Stadt und Wirtschaft:

Mit rund 2500 Im- und Exportfirmen ist Hamburg heute größtes deutsches Handelszentrum, nach New York zweitgrößter Konsularplatz der Welt, Transport- und Sachversicherer haben hier ihren Sitz, ebenso Spezialkreditinstitute oder die Hermes. Hamburg ist größte deutsche Industriestadt, Zentrum von Spedition und Transportgewerbe, Medienplatz und Sitz vieler praxisbezogener Forschungsinstitute wie der Beratungs-und Forschungsstelle für Versandverpackung. Internationale Ländervereine, multinaltionale Unternehmen...: Erfahrene Experten, die auch und gerade in schwierigen Fällen eine Lösung finden helfen. Die Weltoffenheit der Hamburger läßt Sprachbarrieren dabei gar nicht erst aufkommen.

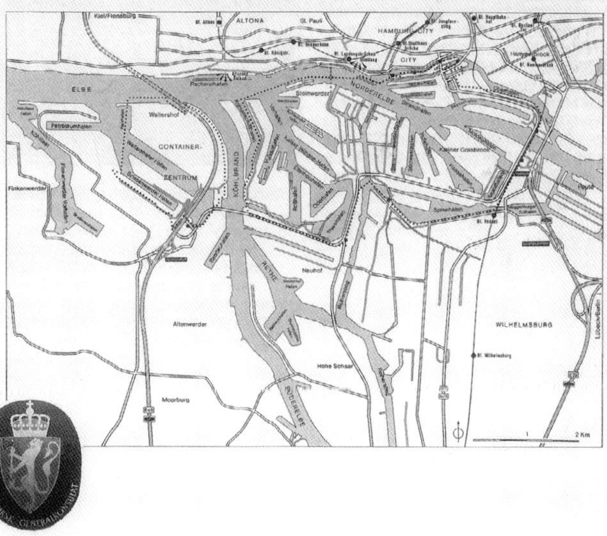

CONSULATE GENERAL UNITED STATES OF AMERICA

ÖSTERREICHISCHES GENERALKONSULAT

JAPANISCHES GENERALKONSULAT

Der Hamburger Hafenplan in einer Broschüre von 1987 der Hamburg Information GmbH.

Die ursprünglich nur für die Binnenschifffahrt vorgesehenen Hafenbecken besitzen eine Durchfahrt zu den Seeschiffshafenbecken. Auf dem Bild vom Saalehafen, der mit dem Moldauhafen verbunden ist, zum Hansahafen.

Ansichtskarte vom Hamburger Hafen Anfang der 1960er-Jahre. Damals liefen noch Stückgutfrachter mit Ladebäumen den Hafen an und eine Vielzahl von Schleppern und Barkassen sorgten für einen regen Schiffsverkehr.

Der Saalehafen, ganz hinten sieht man die Durchfahrt zum Moldauhafen. Beide Häfen sind zweite „Heimathäfen“ der ČSPLO-/ČSPL-Flotte gemäß Staatsvertrag der Tschechoslowakei von 1922 mit der Freien und Hansestadt Hamburg.

◄ Großer Schubverband mit acht leeren Prähmen elbabwärts auf der Fahrt nach Hamburg.

Stromschubschiff „Sch 2505“ (474 PS) mit Schubprahm im Hamburger Hafen.

◄ Motorgüterschiffe des VEB Deutsche Binnenreederei, Berlin 1961 beim Bord/Bordumschlag Seeschiff/Binnenschiff mithilfe eines dazwischenliegenden Getreidehebers.

„Sch 2703“ (780 PS), davor ein Neubauprahm, 1984 in Hamburg.

DBR-Containerschubverband, bestehend aus einem flachgehenden Stromschubschiff und Großschubprahm GSP 54, auf der Reise nach Hamburg.

Stromschubschiff Sch 2601 „Josef Ressel“ (600 PS) der Deutschen Binnenreederei GmbH mit zwei Großschubprähmen GSP 65 (Länge: 65 m, 985 t) im Hamburger Hafen in Höhe der Landungsbrücken und von Dock 17.

Containerschubverband der Deutschen Binnenreederei im Hamburger Hafen.

Die wendigen und schnellen HADAG-Hafenfähren der Baujahre 1997 bis 2009 (hier zu sehen), von den Hamburgern wegen ihrer Schiffsform „Bügeleisen" genannt, sind ein öffentliches Verkehrsmittel.

Nostalgische Begegnung: Dreier-Schubverband der DBR trifft auf der Elbe den Seitenradpersonendampfer „Kaiser Wilhelm", Heimathafen Lauenburg/Elbe.

Chronik

1963 Der zum Schieben umgerüstete Motorschlepper „Onega" fährt mit dem Schubkahn 4-538 als erster Schubverband auf der Elbe. Die FAS Berlin hält mit Unterstützung des Direktors der DBR ihre erste wissenschaftliche Fachtagung zur Schubschifffahrt ab. Eine 2. Internationale Schifffahrtstagung – Symposium Schubschifffahrt – folgt 1966.

1964 Die Schubflotte der DBR vergrößert sich auf 119 Schiffe, darunter vier Neubauschubschiffe und acht Schubschlepper.

Das MS „Fischland" unternimmt bis Dezember 1965 auf der Elbe Erprobungsfahrten mit dem Schubkahn „5204" und mit bis zu vier Schubprähmen mit 2.000 Tonnen Gesamtladung.

Um die Erprobung der Schubtechnologie auf der kanalisierten Elbe und Moldau sicherzustellen, kauft die ČSPLO vier in Polen gebaute Schubeinheiten des auf der Oder bewährten Typs „TUR".

1966 Abschluss des seit 1964 laufenden Investitionsprogramms Kanalschubeinheiten (1964 bis 1966) im VEB Deutsche Binnenreederei mit 66 Kanalschubbooten (KSB) und 336 Schubprähmen (SP). Beginn des Programms Stromschubeinheiten mit zwei SSS und 16 Standardschubprähmen von 32,5 Metern Länge. Das Schubschiff „Sch 2501" unternimmt auf der Elbe zwischen Magdeburg und Dresden Versuchsfahrten.

1967 Es finden Schuberprobungen mit zwei SSS bis Hamburg statt. 1969 erfolgt die Vergrößerung der Schubverbände auf der Relation Magdeburg–Hamburg auf sechs Standardprähme.

Die Beschäftigtenzahl der DBR einschließlich Lehrlingen unterschreitet erstmals die 3.000er-Grenze und beläuft sich auf 2.958 Personen.

1968 Als erster Neubauschubverband der DBR befährt „Sch 2507" (474 PS) mit zwei SP von 32,5 Metern Länge im April den Abschnitt Dresden–Usti nad Labem. 1972 wird dort der reguläre Schubverkehr aufgenommen, 1973 mit „Sch 2625" (600 PS) der Dreierverband von 121 Metern eingeführt.

1970 Im Mai stellt die ČSPLO in Magdeburg ihren neuen Schubverband Schubschiff TR 600 und zwei Schubleichter TC 1201 vor. Der Verband von 2.426 Tonnen Ladefähigkeit und 1.650 Tonnen Ladung kam von Hamburg und erreichte eine Durchschnittsgeschwindigkeit von 7 km/h.

1971 Fahrterprobungen des „Sch 2701" (780 PS) auf der Unterelbe.

1972 Abschluss des Investitionsprogramms Stromschubeinheiten (50 SSS, 353 SP).

1974 Bis Juli 1975 werden unter gleichen Tiefgangs- und Fahrtbedingungen ein GSP 54 und der vom Ingenieurbüro des KBW (Kombinat Binnenschiffahrt und Wasserstraßen) entwickelte Großprahm 65 mit Laderaum erprobt (Länge: 65,0 m, Breite: 9,5 m).

1975 Indienststellung von fünf SSS 780 PS (2702–2706) und 22 SP/32,5 Meter Länge nach Rückkauf der DDR (Schiffscommerz Rostock) vom westdeutschen Auftraggeber des VEB Yachtwerft, Berlin.

1978 Zugang von 16 Schubkähnen Gebrauchttonnage Großplauer Maß aus der Bundesrepublik für die Binnenreederei Berlin.

1981 Schuberprobungen des 600-PS-Schubschiffs „Sch 2635“ mit zwei GSP 54 im Tandemverband von Dresden nach Riesa.

1988 Die Grenzübergangsstelle Schnackenburg für die Binnenschifffahrt passieren 2,5 Millionen Tonnen Güter, auf der Unter-Elbe 10 Millionen Tonnen.

1990 Der zum Unternehmen der Treuhandanstalt Berlin umgewandelte ehemalige VEB Binnenreederei zur Deutschen Binnenreederei GmbH zählt einschließlich Azubis 2.455 Personen, zu Beginn der Liquidation am 15. Mai 1992 noch 1.528 Personen (152 Azubis) und zum 1. Januar 1993 621 Personen.

Die ČSPLO AG hat mit Häfen und Werften 4.200 Beschäftigte. Sie bezieht vom Schiffbau von 1964 bis 1990 rund 300 Schubleichter mit 290.000 Tonnen und 190 Schubschiffe.

1991 Die Flotte der alten Bundesländer zählt am 1. Januar 2.723 Güterschiffe (235 Schubleichter mit 459.700 Tonnen) und 102 Schubboote sowie 252 Schleppboote. Nach Ablauf der EG-Abwrackaktion gibt es in den neuen Bundesländern einen Bestand von 980 Güterschiffen (770 Schubleichter mit 400.000 Tonnen) und 180 Schubboote/Schlepper mit 43.000 kW (1 kW = 1,36 PS).

1993 Die am 1. Februar von 22 mittelständischen Unternehmern aus dem Besitz der Treuhandanstalt gekaufte Deutsche Binnenreederei hat eine Ladungsflotte von 1.010 Schiffen und 427.610 Tonnen Kapazität. 23 Hauspartikuliere erhalten von der DBR als Existenzgründer für ihre Schiffe einen Beschäftigungsvertrag. Mit der Privatisierung 1993 werden 440 Mitarbeiter übernommen und 130 Lehrlinge zum Abschluss der Ausbildung gebracht.

Im Juli wird nach drei Jahren Unterbrechung die Kiesschifffahrt zwischen Mühlberg und Dresden wiederaufgenommen.

Dampfschifffahrt auf der Oder in historischen Fotografien

Joachim Winde

978-3-95400-765-3
20,00 €

Die Dampfschifffahrt auf Havel und Spree

Joachim Winde

978-3-95400-352-5
19,99 €

UNTERELBE
Othmarschen
Autobahn Flensburg/Kiel
Hafenbf. Hmb.-Alton
Elbtunnel
Neßhafen
Neßkanal
Rüschkanal
W
Steendiekkanal
Köhlfleet-hafen
Köhlfleet
Bubendey-Ufer
Athabaska-Ufer
M
Petroleumhafen
Parkhafen
Zollamt Köhlfleetdamm
M
Walte
Waltershofer Hafen
Predöhlkai
Griesenwerder Hafen
Hafenbf. Hmb.-Waltershof
M
Finkenwerder
Alte Süderelbe
Hafenbecken (gepl.)
Seeschleuse (gepl.)
Hafenbecken (gepl.)
Hafen Hamburg
Kaischuppen, Speicher, Lagerhäuser
Industriebetriebe und -flächen
W Werft
Lager-, Umschlaganlagen für
M Mineralöl, Pflanzenöle
G Getreide, Ölsaaten, Futtermittel
E Erze, Kohle, Düngemittel
Hafenindustriegebiet Hamburg-Süderelbe
Die Angaben über geplante Vorhaben sind unverbindlich, da die Ausführung den Erfordernissen des Bedarfs angepaßt wird
N
1000 500 0 1000 2000 Meter
Autobahn Westl. Umgehung (im Bau)
B73
Autobahnen Bremen